大是文化

99%的人輸在不會表達 2

原本行不通的事、對方不想聽的話，怎麼換個說法，結果大不同

資深文案、企劃、暢銷書作家
李勁 著

CONTENTS

CONTENTS

CONTENTS

推薦序

讓人不自覺就贊同你，心甘情願照著做

亞洲第一激勵達人／鄭匡宇

很高興這次受邀為《99％的人輸在不會表達2》推薦。我認為這本書和第一集最大的區別，在於第一集著重於日常說話與上臺說話的技巧，而本書則特別強調說服這件事。這樣的配置實在是太合理了！

我們說話的目的是什麼？說服人，希望對方能夠接受我們的想法，事情能照著我們希望的方向去進行。相信這是大部分的人在說話或與人溝通時的目的。若空有所謂的說話技巧，但在內涵上卻無法使人相信、願意照著你要的方向去行動，那麼這次的說話和溝通，就是無效的。

我非常認同作者在書中提到的許多論點，特別是關於如何消除他人偏見時提到：「說服別人時，不能將他視為理性的動物，而要將他視為充滿偏見與先入之見的個體。」

以上的認知，真的是太重要、太重要了！認清這一點你就會知道，我們也都是這樣的人。當兩個各自有偏見的人想要在思想上融合，就一定要提出讓對方在理性和感性上都能接受的理由。因此當我們想要說服對方時，腦中想的應該是：「我如何能讓對方覺得，他聽我這麼說完，並且採取行動的時候，他自己也有好處？」

以這樣的想法為基礎來溝通和說服，一切都會變得更加容易。讓我舉一個自己的例子來說明。

如果有在關注我的FB，大家一定會發現，我的書在韓國出版了，而且臺北市長柯文哲先生還錄製了兩段短視頻，邀請韓國的年輕朋友一定要買這本書來看！

這到底是怎麼做到的呢？我在書籍出版之前，趁著某次柯市長演講結束時舉手發問，並且順勢提出希望他能為我的韓版書籍做推薦的要求。他當下的反應是，請我把書籍寄過去讓他評估。

於是我在寄給他的信中寫道：「若柯市長願意幫忙推薦，不僅您的名字可以隨著這本書在韓國的網路與實體書店上被看到，而我之後也會發新聞稿給所有臺灣的媒體，讓更多人知道有這樣一位市長，如此熱心的為自己的市民在韓國出版的書推薦……。」

明明是我出書，卻寫得好像好處都歸他一樣（聲名遠播、博得美名）。無怪乎當我巧遇他，並且請柯市長錄製推薦視頻時，他一口就答應了。這就是一種「讓被你說服的人心甘情願照著做」的技巧。

而其他能達到一樣效果的諸多技巧，本書皆鉅細靡遺的描述，並分析得十分透澈。希望每位朋友在看完書後都能嘗試看看，讓你每一次的說話，都能達到直指人心、完美說服的目的！

前言

說服就是「知道換什麼說法更有效」

為什麼我們在某些領導者的帶領下，會任勞任怨，而在另一些領導者手下工作時，卻總是敷衍了事？又我們會因為跟某些慈善家對談後，大為感動，甚至以實際行動或大量的財力共襄盛舉，但對身邊至親之人的規勸，卻總是充耳不聞，為什麼呢？

求學時有些師長的教誨，改變了我們的一生，而自己的爸媽無論說得有多好，卻總是讓我們不想聽，怎麼會這樣？為什麼有些人的意見，常常會得到同事們的支持，而有些人的意見卻不受重視呢？

到底是什麼讓我們變得固執，而不願意接受別人的說教？而又是什麼觸動了我們的心靈，讓我們不再執拗，而接受他人的意見呢？

答案很簡單，都是因為**說服力**！說服力的強弱，直接導致同樣的事情出現迴然不同的結果。有說服力的人，能獲得他人的認同，造就非凡的功業；而沒有說服力的人，卻只能終日黯然，碌碌無為。

那麼，說服力是天生的嗎？不，**思考**和**學習**才是說服力的源頭。一個人願意去學習，同時會動腦筋去揣摩，那麼用不了多久，就會變得很有說服力。要是這個人放棄思考、放棄學習，那麼說服力必將離他而去——他的思維將變得僵化、言語將變得無味，如此，又怎麼會有說服力呢？

不要忽略說服力的修練，說服遍布生活的每個角落。看看我們的生活，你就會發現，很多時候，我們做事是因為有人勸說我們去那樣做——你以為自己是主動、自發的，其實不是，你只是被人說服了，而去做某件事而已。

早上起床是因為從小父母就勸說我們如此去做；我們住在現在的居所，是因為某人說服了我們在那購買，或租用那間房子；我們現在日常過日子要遵守國家法律，那是因為以前有人勸說過我們去這樣做；我們不說謊、不欺騙別人、不偷竊，是因為有人勸說過我們，而採納了一套道德和倫理標準。

事實就是這樣，每天醒來，我們都會發現自己被說服所包圍。在被他人說服的同時，我們也在努力試圖說服他人：你想在早上睡懶覺，除非你有好理由說服父母，否則，他們肯定會不斷的打擾你的美夢；想要買到便宜的房子、車子，那麼就要說服對方降價；不想做家務，就要給老婆一個偷懶的理由——也許每天抱一抱她、親一親她，然後鼓勵一下她，她就會很開心的主動承擔家務勞動，而不再追究你的懶惰了……。

說了這麼多，其實就是想要告訴你：要麼被人說服、要麼說服別人，你沒有第二條路可走。這聽起來似乎挺無奈，其實不然，只要你具有超強的說服力，那麼突破「重圍」，殺出一條「血路」是可能的——只要你願意按照本書所說的去做，至少你能省事不少，畢竟能用幾句話便把事情解決，遠比動手做事要輕鬆得多。

本書分析了缺乏說服力的原因、討論提升說服力的方法，以及具體的說服技巧，其中涉及實際生活和工作的各方面，你可以從本書中系統的學習到關於「說服」的知識，並掌握實用的說服技巧。

最後再次強調，不要忽略說服力的修練，如果「三言換成兩語」便能解決問題，又何必大費周章呢？

| 第一章 |

為什麼我話還沒講完，對方就轉頭

生活中，我們總是想說服別人接受我們的意見、建議、主張和批評；我們費盡心力，就是想讓別人相信我們所說的話是對的。可是結果總難如願，許多人講了一籮筐的話，卻總是竹籃打水（按：比喻白費氣力，勞而無功）一場空，毫無效用。為什麼會這樣？

在本章我們將告訴你原因，同時，也提出避免這些不利因素的方法。如果你能按照本章所提供的方法去做，調整自己的行為和態度，將會大幅度提升你的表達能力。

1 要贏得感情，你得先輸點道理

仔細觀察一下生活中的人和事，你會發現，那些每次跟人爭論都贏的人，往往最後都會成為單身。為什麼？

有兩隻兔子爭論一個觀點。白兔子說：「紅蘿蔔好吃。」灰兔子說：「白蘿蔔好吃。」兩隻兔子爭執不下，就找德高望重的老兔子來做判斷。老兔子看著兩隻小傢伙說：「你們知道什麼，胡蘿蔔才是最好吃的！」於是爭論變得更熱烈了，但是牠們始終都沒有爭出個結果⋯⋯。

這個故事是想要告訴你一些道理：生活中有許多事情，其實都沒有爭論的必要。特別是在你進行說服時，更應該避免與人爭論不休。對於說者來說，爭論是一個陷阱，它將導致你的計畫走向失敗！

爭論沒有贏家

事實上，除了浪費口水和精力外，爭論不僅不會讓你顯得博學多識、口才出眾，反而會讓你變成一個心胸狹隘的人。更糟糕的是，爭論不能解決任何問題，卻能讓人生氣。

爭論中不會產生贏家，哪怕有一方表面上似乎占了上風，實際上也不會取得最後的勝利。從本質上來說，你還是輸了——即使你把別人反駁得體無完膚，又能得到什麼好處？除了短暫的沾沾自喜之外，你只會讓對方的自尊心受到嚴重的傷害，讓對方因此討厭你，甚至怨恨你。

最重要的是，你的目的完全沒有達到——**爭論並不能改變對方的想法**，也許對方在口頭上承認你說得對，但是心裡也不會服氣的。很顯然，**你只是贏了辯論，而沒有真正的說服對方**。

亞當斯是位很有經驗的司機，他幾乎沒受過什麼教育，但是口才非常好。他很喜歡和別人辯論，而且，每次都能在辯論中勝出。

因為他對汽車非常熟悉，後來就做了汽車推銷員，但是很長一段時間內，他都沒有賣出一輛汽車。他十分困惑，不知道問題出在哪裡。後來他去找銷售培訓師指點自己。

銷售培訓師觀摩了他的推銷過程，立刻發現問題所在：不管是誰，如果說出了不符合亞當斯心意的話，他就會毫不猶豫的當場辯駁。

「不可否認，你是一個非常出色的辯論家。從你得意的神色就可以看出來，你對自己的口才也是相當滿意的。但是亞當斯，我想說的是，你的頭腦有病嗎？」

亞當斯臉上立刻沒有了得意，當場就想要發作。培訓師揮了揮手，打斷他，然後嚴肅的說：「你以為我說錯了嗎？你是想要和我辯論嗎？但是亞當斯，我告訴你，我不想和你辯論，也沒有必要。我現在只是想要告訴你，你錯了。」

亞當斯又想發言，培訓師再次揮手打斷他：「你不要說話，現在你要聽我說，因為我能告訴你，問題出在哪裡。並且能教你，該怎麼做才能拿到訂單。」

亞當斯的臉憋得通紅。培訓師看著他的眼睛，大聲的問：「你為什麼要與有意購買汽車的人發生爭執，並激怒他們呢？請問，這樣做，對你有什麼好處嗎？你贏了辯論，感覺很得意嗎？但是，你的業績是零！你有什麼好得意的呢？你知不知道，你的目的是說服他們，而不是和他們爭吵！」

被銷售培訓師一頓搶白，亞當斯無話可說。這個時候，培訓師才緩了緩口氣，平心靜氣的說：「亞當斯，你現在是否覺得胸口發悶，非常不爽呢？這就是在辯論中失敗後的感受，也就是你那些客戶的感受。你能夠體會到嗎？如果你能夠體會，那麼你就應該明白，你最需要的不是學習如何講話、如何表現你的口才和辯論技巧，而是學會保持謙恭，管好自己的嘴巴，不要和任何人發生口頭衝突。你想一想，是不是這樣？」

講完道理，銷售培訓師對亞當斯進行了指導。亞當斯隨即對自己的行為進行了調整和改正，很快，他就拿到訂單了。

亞當斯的故事有沒有給你帶來感慨呢？你有沒有過亞當斯那樣的行為呢？如果有，那麼靜下心來好好想一想吧。

記住，**辯論**能夠給你帶來心理上的滿足感和思想上的收益，但它**不是說服別人的好方法**。如果你在溝通的過程中採用辯論的技巧，那麼只會激發對方的逆反心理，讓氣氛更緊張，反而不能說服對方。你的目的是要對方認同你，而不是與對方爭論不休。

仔細觀察一下生活中的人和事，你會發現，那些每次跟人爭論都贏的人，往往最後都會成為單身。為什麼？只要不是傻瓜，就應該明白，吵贏了對方，不代表你真的說服了對方。所以，若你足夠明智，就不要與對方發生爭吵。

下面是幾個小技巧，能夠幫助你走出爭論陷阱：

1 「我又陷入爭論了嗎？」

時常留意自己的狀態和談話的氣氛。及早察覺到即將或已經陷入爭論，是從爭論的泥濘中走出來的關鍵點。

2 「這件事重要嗎？」

自問：「這件事重要嗎？」夫妻之間，絕大多數爭論的其實都是雞毛蒜皮的小事，完全可以一笑置之。不要纏繞在爭論裡，使得一整頓飯吃得不愉快。

3「一定要現在說服他嗎？」

如果談話的氣氛不愉快，是很難靠爭論或爭吵說服別人的。如果爭論起來讓氣氛變得不愉快了，若不是重要的事，不妨先擱下來，等彼此心情好時再換一種方式商量。

4「我一定要說服他嗎？」

有些事情，是否可以允許對方有著不同的看法？別人是否可以不按照我的看法去做呢？如果一定要別人按照自己的看法去做，否則就惱怒不止，那是「控制狂」，是嚴重的個性缺陷，這樣的人很難處理好夫妻關係和其他人際關係。

5「沒有對錯，只有和氣。」

就像開頭故事裡的口味選擇，現實生活中很多類似的事往往都沒有對錯。但是很多人，特別是夫妻，卻常為了對錯爭論不休，結果鬧出大問題，從而破壞了雙方的感情。

不要因為爭強好勝，就與你的溝通對象發生激烈的爭論和衝突。或許你能夠在爭論中獲得勝利，得到滿足感和成就感。但是這種勝利只是短暫的，是毫無意義的。因為你會讓對方不服氣，失去對方的好感，如此一來，你又將如何去說服對方呢？

另外，還有一點要注意，除了不要陷入爭論的陷阱，還要注意不要走入強迫的陷阱。有的人之所以與人發生爭論，其實就是因為有強迫他人接受自己觀點的傾向。

2 你注意到對方開始防備了嗎？

如果對方平時說話的速度很快，當他們說話的速度緩慢下來時，表示防備心在逐漸增強。

洽談業務時，我們常會遇到這樣的情況：雙方的洽談一直進行得很順利，氣氛也很和諧、愉快，可是對方卻突然改變態度，語氣嚴肅的說：「你說的我都知道了，回公司後，我們再仔細斟酌一下。」

這樣的情況會讓你很難受，但你不知道問題出在哪裡。為什麼對方會改變態度，突然翻臉？根本原因在於你嚇到人家了——讓對方產生了防備和防範心理。這就好像追女孩子，你要是看到人家就流哈喇子（按：口水），人家一看就知道你動機不單純，能不對你產生防備嗎？說服也是這樣，你的話語如果表現得太急躁，或動機太明顯，對方就會對你產生防備心理。

當對方說話速度變緩慢時，要小心

心生防備的人不喜歡暴露自己的心事，因此打招呼或說話的態度都是冷冰冰的、應付式的。他們的態度看上去不失禮貌，但總給人一種疏遠的感覺。他們並不輕視你，只是因為過於抑制自己，所以往往會言語索然無味，讓人覺得敷衍。

然而，**對方有防備心理並不是最可怕的事情，最可怕的是你反應遲鈍，未察覺到對方的心理而繼續講**。這時他不僅會戴上面具，而且還會別過臉去，把背朝向你，緊鎖心扉。因此，彼此溝通之前，必須先仔細觀察對方的言行舉止，判斷他是否有防備心理。

一位從事貿易的朋友說，他和別人談生意時，常常閉著眼睛聆聽對方的說話語調，這比透過翻譯所傳達的意思更能了解對方。**如果對方平時說話的速度很快，當他們說話的速度緩慢下來時**，表示**防備心逐漸在增強**。

當你的溝通對象有以下這些表現，就表示對方對你產生了防備心理：

▼一開始見面時就冷漠無情。

▼想確認對方的心意，但是對方的回答卻曖昧、含糊。
▼一旦涉及關鍵主題，對方說話的速度就突然緩慢下來。
▼對你的話只是隨聲附和，並不表示意見。
▼對於一些無關緊要的事情詳細追問，一直保持緊張、嚴肅的態度。
▼談話中，不斷移開視線，或不斷上下打量你。
▼他的態度突然變得特別客氣。

越是神經質的人，防備心理就越強。為了不失禮節，他會非常謹慎，在語言表達方面往往會變得很曖昧。還有一種棘手的情形，那就是對方幾乎不開口。無論你說什麼，他只是回答：「是的，你說的有道理。」也有一種人正好與此相反，他們一再追問細節，這也是存在著強烈防備心理的表現。

另外，如果對方**說話的速度突然變慢**，**字斟句酌**，**那麼可以確定對方的防備心已達到了極點**。

那麼，對於這種防備心理，有什麼好辦法解決呢？

1 把握說服的節奏，不要太著急。

有的人無法順利說服他人，是因為不能把握說服的節奏。俗話說，心急吃不了熱豆腐。溝通也是這樣，表現得太著急、進展太快，會讓人感覺不適應。

2 學會掩藏動機，不要一開始就表明全部內容。

為了讓對方同意你的說法，人們常常會過於詳細的向對方說明事情的情形。然而，正如前面已經講過的，人有時會因為太了解事情的真相而產生不安心理。所以，很多時候你明明自認為盡心盡力，卻引起了負面作用。因此，在說服心理不安的人時，不要一開始就將內容全部告訴對方，要先換個說法。

3 保持安全距離，避免一開始就表現強勢態度。

在進行心理指導時，心理醫生很重視彼此的位置和姿勢。第一，讓患者和自己保持適當的距離；第二，選擇自己輕鬆舒展的坐姿，盡量避免正襟危坐。這些舉動都可以消除對方的防備心理。

4 盡量避免視線相觸。

一般來說，防備心比較重的人，不願意做過多的眼神接觸——他怕你透過靈魂之窗看出他心事。因此，對方通常會故意避開你的視線，以免被你察覺到自己的心理變化。所以在說服對方時，必須注意對方視線、態度的微妙變化。

5 不要直接點破。

有的人習慣說：「你沒有必要這樣緊張，不必對我懷有戒心！」這樣說不僅沒有任何效果，反而會有相反的效果。因為對方的防備心理被你識破了，他會再加厚心裡的屏障，防止你再次突破。這時候，你就應該停止說服，重新溝通。也就是說要建立起彼此連接心靈的紐帶。

通常，如果不是特別的情況，我們對家人、親密的朋友等不會產生防備心理；但對於初次見面的人，總會特別小心，這是因為尚未了解對方，對他還沒有正確認識。一旦性情相投，就會消除，甚至會馬上說：「既然你這麼說，那我就鼎力相助！」這就是比起說服內容來，對方首先接受了你。

相反的，如果發現對方和自己話不投機，馬上就會表現出不愉快，防備心理不但不會消失，反而還會加強。在美國，有人進行一項調查：讓新來的職員以滿分十分，評價對主管的印象。同樣的，也以滿分十分，讓主管評價自己的部屬，以了解雙方的溝通情況。結果，兩者的分數基本相近。部屬與他們認為的好主管相處起來很融洽，而與他們認為的不好主管在工作上也配合得不好。

因此，從根本上來說，想要消除對方的防備心理，我們就要潛入對方的心裡，讓他對你產生好感。

有個年輕的業務員，平時很喜歡閱讀，尤其是中國古代的詩詞。工作之餘，他最大的嗜好就是窩在家裡，看看古典詩詞。時間久了，他腦子中也就累積了很多這方面的知識，與人說話時總會引經據典，不時蹦出幾句來。

有一次，他去拜訪一位客戶，據說這位客戶在經商之前，曾是一所知名大學的中文系教授，是一個非常冷靜和理智的人。在這位年輕業務員到來之前，已經有不少同行前來和他洽談業務，希望能有所收穫，但是面對他咄咄逼人的氣勢，所有人都鎩羽而歸。

年輕業務員了解這些情況後，不由心生忐忑，認為自己很有可能也會在對方那咄咄逼人的氣勢中敗下陣來。

事實上，在他剛接觸時，對方的表現也十分冷淡。他做這一行已經有好幾年了，早已練就了堅強的心理素質（無論發生什麼樣的困難情況，都能坦然面對，從容處理），因此雖然對方表現冷淡，但他還是不願意放棄，而是極盡口舌之能，盡量揀好聽的話說，試圖讓對方改變態度。可是無論他如何說，對方還是沒有一點合作的意願。

人的耐心終歸是有限的。業務員發現對方確實沒有合作的意思，他也就有了放棄的念頭。人就是這樣，心裡面有很大期望時，往往會束手束腳，無法放開，而一旦沒有了期望，反而可以真正放開。在走之前，他不再期望能夠和對方達成合作，就放輕鬆的和對方交流起來。

也因此他的古文素養得以表現出來，不時來幾句貼切的古典詩詞。他的改變使對方微微一愣，不由得多打量了他幾眼，不過，卻沒有多說什麼。

從那裡離開後，年輕的業務員認為自己肯定無法抓住這個客戶。可是讓他沒有想到的是，幾天後，卻意外的接到了對方打來的電話。在詳細了解情況之後，對方愉快的和他簽了合約。

後來他和那位客戶成了朋友，聊起這件事，對方告訴他：「本來，我是不準備和你簽約的，我覺得你們業務員做事和說話的目的性都太強，講話虛假的多，務實的少，經常會誤導別人。但是後來你不打算賣產品給我，放鬆下來聊時，我才知道你對古典詩詞很了解，很顯然在這方面是花了功夫的，現在這樣的人太少了。我覺得，願意讀書，尤其是誦讀古典書籍的人，人品通常不會太差，與其找別人簽約，還不如找你這樣的人簽。」年輕的業務員這才恍然大悟。

由此可見，說服動機太明顯，反而落了下乘！真正高明的說服者，是透過個人的品格和形象來贏得人心的。

3 人常在試圖消除別人的偏見時，自己卻發展偏見

說服別人時，不能將他視為理性的動物，而要將他視為充滿偏見與先入之見的個體。

小謝和小莫都是推銷員，在同一家公司工作，他們的任務是推銷床。小謝屬於那種能說能幹型的，而小莫屬於那種沉默寡言的慢性子。然而，令人驚訝的是，小莫的推銷業績竟然一點也不遜色於小謝，其推銷能力有時甚至比小謝更強。

有一次，小謝拜訪了一名患有嚴重耳疾的客戶，由於客戶的聽力非常差，很擔心推銷員會利用他的身體缺陷來欺騙他，因此防備心理特別嚴重。小謝見他幾次後，就失去了說服他的信心，不得不放棄。

小莫撿起了這個客戶的資料，卻很快成交了，這位被小謝認定很難搞的客戶，竟然一下子從小莫的手裡買了六張床。小莫到底是用什麼方法說服他的呢？原來，看上去沉默寡言的小莫放棄了口頭交談，而改用筆談。筆談雖然需要耐性和時間，但是，最終小莫獲得了成功。

為什麼小謝沒有想到像小莫那樣做？不是因為他懶，也不是因為他不夠聰明，而是因為他根本就沒有去想，他的腦袋裡存在著和其他推銷員一樣的偏見：「既然是聾子，說了也沒用，何況他的防備心理這麼嚴重，生怕被人欺騙，怎麼可能被人說服？」

傲慢與偏見，人人都有

本來客戶的心裡就存在著嚴重的偏見──擔心被人欺騙。這個時候，作為銷售員，應該做的是想辦法去消除客戶心中的偏見，而不是發展自己的偏見。偏見只會讓你的說服工作困難重重。小謝選擇了放棄，就是因為他的偏見使他認定這位客戶無法被說服。而小莫沒有這樣的偏見，他心裡想的是如何消除客戶的偏見，以便更加流暢的溝通。

當小莫發現對方是位耳疾患者後，沒有採取一貫的推銷話術，反而改採筆談——採用對方喜愛的交流方式，用白紙黑字進行交流，讓這位客戶感到很安全，客戶的偏見自然而然就消除了。

小莫的故事告訴我們，**在說服的過程中，首先要去除自己心中的偏見，同時，也要想辦法消除別人心中的偏見**。心存偏見是說服失敗的一大原因，無論是你自己心中的偏見，還是別人心中的偏見，都會對我們的工作帶來障礙。因此，我們應該記住小莫的故事，學會處理工作中的偏見問題。

偏見是客觀存在的，是無法拒絕的。有位專家說：「說服別人時，不能將他視為理性的動物，而要將他視為充滿偏見與先入之見的個體。」這句話說得很對，因為我們認為合理的事物，在對方心裡卻不認為如此。對於偏見，我們無法拒絕，但可以採取恰當的方法進行消除。下面提供**聽出對方是否有偏見時的一些技巧：**

1 斷定性的言語。

通常，對方的偏見會在「斷定性的口氣」中表現出來。在各種說服場合中，我們有時會有意、無意的表現出自己的評價基準，例如，「老年人比較頑固」、「獨生子比較嬌氣」、「老人愛嘮叨」、「政治家善於撒謊」、「嘴上無毛，辦事不牢」、「年輕人總是那麼魯莽」等等，這些斷定性的觀念其實就是偏見。

2 轉折和反駁的語句。

有些人雖然態度非常誠懇、謙虛，但是對於你所說的話總是以「可是……」、「但是……」，或「雖然如此，但是……」等形式進行委婉的反駁，這些人在心裡早已經有了自己的想法和成見。如果你說話時出現了錯誤，他就會認為「果然是……」、「還是……」等。例如他會認為，「果然是我的想法正確」、「這個人果然是那樣」等等，他會強化自己的成見或偏見。

3 在不能確定對方的偏見為何時，盡量少開口。

一位經驗豐富的記者說，採訪的成功祕訣是「**在開始時，盡量少發表自己的**

見解，而多提一些問題」。的確，對於初次見面的人，尤其是你不知道對方有什麼樣的偏見時，萬一你說得不當，將會一無所獲。因此可以多試探性的提問題，多了解對方的看法。

辯駁無法改變偏見，你得換個說法

當你了解到了對方的偏見後，該怎麼做？許多人會選擇辯論，希望從言語上戰勝對方，從而改變對方的觀點。如果你這樣做，那麼你的說服工作基本上就是失敗的。看看下面這個案例，你就會明白，聰明的人會怎麼對待別人的偏見。

午餐會上，銷售人造奶油的公司派出了調查人員，詢問很多婦女，她們是否能夠辨別人造奶油和奶油，當時有百分之九十以上的人回答說：「可以」，因為人造奶油有腥臭味等。

於是，調查人員發給她們每人各一塊黃、白奶油狀的食品請她們品嘗。結果，百分之九十五以上的婦女認為黃色的是奶油，她們說味道「新鮮」、

「純正」，白色的是人造奶油，並說有腥臭味。

但是，多數人的觀點與事實恰好相反，黃色的是人造奶油，白色的是剛剛製造出來的奶油。也就是說，這些婦女僅僅是靠顏色形成的偏見來區別奶油和人造奶油，至於「腥臭味」的評價更是毫無根據。

那些暴露了自己的「味覺遲鈍」，而陷入尷尬處境的女性們會有什麼反應呢？這些調查員根本不想去了解別人的尷尬，更沒有想過讓別人尷尬，他們絕不會露骨的說：「太太們，妳們說這奶油有腥臭味，是不是有些味盲呢？」

聰明的說服者不會揭破對方的偏見，在他們看來，這是最愚蠢的行為，那會讓人討厭你，對你產生壞印象。

那麼他們做了什麼呢？他們**改變了宣傳的口號**，不再說「人造奶油媲美奶油」之類的話，而是宣傳人造奶油能夠給人們帶來的「滿足感」，他們的宣傳語變成了「人造奶油擁有更好的口感，能夠增強食欲，讓人更有胃口」之類的話。於是，家庭主婦們一點兒也不尷尬，而人造奶油的銷量則大大提高了。

簡單的說，**即便你已經知道對方的偏見或成見，也沒有必要揭破**，免得造成尷尬，讓人對你的印象不好。你可以暗示對方其看法不具有普遍性，而只是由他個人的經歷形成的例外情況，但沒有必要直接辯駁對方。

4 說事實會傷人？那就說好聽點的事實

打人不打臉，罵人不揭短。說話要懂人心，盡量避免在別人傷口上撒鹽。

說話的目的主要是為了讓人心服口服，同意你的建議和想法。但請記住，攻心的對象，是有血、有肉、有感情的，如果你不注意對方的情感需要，隨便亂說，就很可能讓人難堪，最終使你的溝通失敗。

說話，不讓別人難堪

沃爾頓先生到百貨商場買了一套西裝。可是當他穿上這套西裝之後，卻感到非常失望；因為西裝褪色了，而且還把他的襯衫領子都弄黑了。

於是他將這套衣服帶回商場，找到銷售員，告訴對方情況。可是他還沒有把話說完，就被對方粗暴的打斷了。

「不好意思，這位先生，這種衣服我們已經賣出去好幾千套了，」這位銷售員一本正經的說道：「而你是第一個來挑毛病的。」

銷售員所說的話和說話的腔調，讓沃爾頓先生非常火大，他似乎聽到對方正在對他說：「嘿，你是一個騙子吧，想訛詐我們，門都沒有，趕快拿著衣服滾回去吧。」

於是沃爾頓先生與那位銷售員吵了起來。正在兩個人吵得不可開交時，旁邊又走過來一名銷售員。新來的銷售員對沃爾頓先生說：「所有的黑色衣服剛開始穿時都會褪色，再說這件衣服這種價格，也只能是這樣了。」

聽到這句話，沃爾頓先生再也忍不住，頓時火冒三丈，正想開口大罵之際，商場的銷售部經理走了過來。結果，銷售部經理很快就改變了沃爾頓先生態度，化解了他的怒火。

那位經理又是怎麼做的？他首先靜靜的聽沃爾頓先生講述事情的經過，沒有插一句話。等到沃爾頓先生說完後，那兩個銷售員又想表達他們的意見，但是這位經理沒有讓他們說下去，而是站在沃爾頓先生的立場斥責了他們。

接著，他指出沃爾頓先生的領子確實是被西裝弄髒的，並且堅持說如果商品不能讓顧客滿意，商店就不應該出售。最後，他承認他不知道這套西裝為什麼會這樣，並坦率的對沃爾頓先生說：「你希望我如何處理這套衣服？你說什麼我們都會努力做到。」

幾分鐘前，沃爾頓先生還想要退還那套衣服，但是面對這位態度良好的經理，他卻說：「我只想聽聽你的意見。我想知道這種情況是暫時的，還是無法解決？」

於是，那位經理建議：「先生，這樣吧，你再穿一個星期看看，如果到時你仍然覺得不滿意，我們一定給你換一套滿意的。對此，我們非常抱歉。」

沃爾頓先生接受了這個建議，走出了這家商店。一星期後，這套衣服再也沒有什麼毛病，他對那家商店的怒火也平息了。

那兩名銷售員為什麼無法平息顧客怒氣？因為他們所說的話，讓沃爾頓先生很難堪。第一個銷售員懷疑他的誠實，第二個暗示他買了一件低檔貨。作為一名顧客，你聽到那樣的話，應該也會憤怒吧。

而那位經理之所以能夠當上銷售部經理，正是因為他懂得說話的藝術。至於他的兩位部屬，也只能當店員；或許他們連當店員都不太適合，應該被調到包裝部，永遠不要和顧客打交道。

如果沃爾頓先生繼續和那兩個店員周旋，即使他們最終答應幫沃爾頓先生退換，也無法消除他被誤解的怨氣。同樣一件事，不同的人用不同的方式處理，就會收到不一樣的效果。

不要在別人的傷口上撒鹽

在說服的過程中，為了避免使用一些不太恰當的、讓人難堪的言辭，最好進行換位思考，想想對方喜歡聽什麼話、討厭聽什麼話。時常進行反省，對人、對己都是十分有利的。

1 同一件事別用喪氣說法，說人家愛聽的。

百貨公司裡的化妝品專櫃小姐，她永遠都不會說「老」和「醜」這兩個字。每天都會有一些中老年婦女來到專櫃前，說自己皺紋又多了幾條、臉上的黑斑又跑出來了、眼袋似乎越來越明顯……其實她們不是要找專櫃小姐承認自己的老和醜，而是渴望別人給她一點希望，讓她重新擁有自信。

這時候，那些業績驚人的專櫃小姐們都會說：「哪裡啊？妳看起來就像我的姐姐，甚至更年輕呢！」、「不會！妳這個年紀，這點黑斑算是很少的。我看過很多女演員，年紀輕輕的，黑斑比妳多很多呢！」、「妳的皮膚保養得真好！看起來又白又嫩，只是水分稍微少了點，我們剛好推出一組保溼美白的乳液，挺適合妳用，要不要試試看？」

「我看看！這魚尾紋每個女人都有，妳的一點也不深，而且我敢保證妳一定生活得很幸福。幸福的女人常常笑，笑得多了才有魚尾紋。而且妳笑起來時眼睛特別有魅力，如果我是帥哥，一定會追妳！來，這瓶除紋霜可以讓妳的魚尾紋變得更淺，慢慢的皮膚又會緊實了！」

老實說，這些專櫃小姐個個都比心理醫生還厲害啊！全部是攻心說話的高手。一個從事心理諮詢的醫生說：「對女人來說，最好的心理醫生是化妝品專櫃小姐，很多有執照的心理醫生，在恢復病人自信的功力上，都比不上她們。」

2 不要擺出高高在上的姿態。

有些人之所以說服失敗，是因為姿態過高，看上去太跩。你要知道，說服需要平等的對話。在現實生活中，許多人不了解這一點，當我們想說服一個人時，要麼是苦口婆心的勸導、要麼是像老師對待學生，或家長對待孩子一樣，要求對方接受自己的想法。

將心比心的說，誰都不喜歡別人高高在上的面對自己。如果一個人高高在上的對你的行動指指點點，你的感受肯定不會太好。哪怕對方是真心真意，要是擺出施捨的樣子，也會讓人覺得難以接受。

因此在溝通時，要注意自己的說話方式，最好不要說：「你來看我是怎麼做的。」這樣的表述，無疑是在告訴對方，你比對方高明，這樣很容易引起對方的反感。

對於很多人來說，放下身段、放低姿態實在是人生中難以達到的境界。也正是這個緣故，身分地位越高的人，若能放下身段、放低姿態，與別人交流，就越能夠讓人欽佩。很多時候，**低姿態的人**恰恰**是最聰明的說服者**。

作家張愛玲說過：「低到塵埃裡，並且在那裡開出花來。」無論你是得意還是失意、無論你是成功還是失敗、無論你是幸福還是不幸，永遠不要忘了表達自己的謙虛，放低自己的姿態。與對方進行平等的對話，來增強自身的說服力。

3 不要做「在別人的傷口上撒鹽」的事情。

有一個個性開朗大方但說話不經大腦的人。他上班的辦公室主任是一位個子不高、親切和善的中年男人。有一天午休時，大家都在會議室裡聊天，辦公室主任也站著跟同事說說笑笑。

就在這時，這個人走了進來，看到辦公室主任就說：「咦！原來主任你比○○○還矮啊！我還以為你比他高呢！奇怪，他今天看起來怎麼比你高呢！」

說完，他一個人放聲大笑，在場的所有人都一臉尷尬，不知如何是好。那位親切的主任則是左臉笑、右臉抽筋，愣在原地不知道說什麼好。結果，不到半個月，這個人就被公司資遣了。從此以後辦公室主任就再也不站著和人聊天了。

打人不打臉，罵人不揭短。只要是人，就有短處，就要顏面。揭別人的短處，與打臉無異，讓人倍感丟臉，自然不得人心。如此一來，如何說服？因此**說話要懂人心**，盡量**避免在別人傷口上撒鹽**。

5「因為」的力量，很扯但有效

只要你的動機足夠高尚，理由足夠動聽，你就可以說服任何人。

劍橋大學（University of Cambridge）心理學教授薩托．埃爾文，做過一個著名的實驗，實驗的背景是大學生的日常生活。有許多學生在排隊等著使用印表機，這時候，教授要一個人走到隊伍的前面，對大家說：「很抱歉，各位能讓我先列印嗎？我趕時間。」這時候，大約有六成的人允許這個人排到自己前面。而如果這個人說：「很抱歉，能讓我先印嗎？因為我需要列印好幾份文件，這些文件急著要用。」這時候，有九成以上的人都會同意讓這個人先列印。

同一個人、同樣的對象、同樣的資訊內容，為什麼取得的效果不同？細心的朋友們會發現，是資訊排列組合的方式不同，導致了不同的結果。在後一種說法裡，「因為」一詞起的作用尤為重要，正是這個詞讓人們制約反射（按：又稱古典制約，指使個體產生原先非自願行為的作用）答應了他的要求。

想說服別人，祕訣就在「因為」二字

使用「因為」這個關鍵字，可以觸發對方的潛意識反應，使對方相信你那樣做是有原因的，而不是無的放矢。絕大多數人會馬上自動的說「好的」。即使你給出的理由很弱，甚至是沒有意義的，只要你使用了「因為」這個詞語，仍然可以讓對方答應你。如果你想要說服別人，或請求別人的幫助，無疑，這是一個極好的技巧。

事實上，有時候對方根本就沒有聽明白具體的原因。只要聽見「因為」這個詞，他們的潛意識就會立即告訴他們：「噢，有道理！看來一定是事出有因的，我應該答應他。即便不能答應他，我也應該表示同情，盡量給他一些建議或幫助。」

不要小看這樣的小技巧，在說服別人時，使用「因為」，然後告訴對方原因，你會發現，你得到肯定答案的機會將大大增多。對方會忽略你所說的其他資訊，而更加專注於「因為」兩個字，以及「因為」後面的描述。

這就是「因為」的作用，它會讓你的言語變得更有力量，更有效用。為什麼會這樣呢？其根本原因在於人們的心理有一種渴望得到解釋的傾向。

下面是關於該技巧的另一個事例：

有個人開著車，載著朋友到了一個車位擁擠的停車場，等他到達時，那裡已經掛上了「車位已滿」的牌子。穿著黃色外套的停車場工作人員正在揮舞著指揮棒勸人們離開。朋友看到這樣的情況，心情很鬱悶，立即建議他：「找別的地方停車吧。」

但是這個人沒有這樣做，他笑著說：「放心吧，他一定會讓我們進去的。」當時，他不理睬工作人員揮舞著的指揮棒，直接衝進去。然後打開車門，愉快的向工作人員說：「我知道車位已經滿了，你能幫我們找到一個車位嗎？因為要找其他的停車場，實在太困難了，我對於這裡完全不熟悉。」

這個人提出了請求，但他更刻意的強調了「因為」。然後，工作人員什麼也沒說，放他們進去了！

這簡直令人難以置信，對吧？但這其實並沒有什麼特別之處，也不能保證每次都能成功，不過如果你不去試一試，怎麼知道這個方法不行呢？所以不要急著下結論，下次如果你遇到類似的事情，也可以採用這樣的技巧，看一看「因為」這兩個字，所能產生的積極效果到底有多少。

「理由」才是真正能打動人的關鍵

當然，僅僅靠「因為」這兩個字是不夠的，你有必要讓這兩個字後面的內容變得充分起來。只有充分的理由，才能讓你更有說服力。如果你的理由太瞎，那麼想要說服別人是很困難的。許多人不能說服他人，就是因為給的理由不夠充分、不夠動人，甚至是傷人的。

有幾位顧客去一家西餐廳吃飯，因為去之前沒有訂位子而懊惱不已，他們希望服務員能想想辦法，幫他們安排一下。但這名服務員始終面帶職業微笑說：「不好意思，安排不了。」

就在這時，服務員突然轉向門口，並且大聲說：「歡迎光臨！」從門外走進來幾個人，他們沒有理會服務員，也沒有出示他們的訂位資訊，就直接走進了餐廳。裡面的招待不但沒有阻攔，反而立刻向他們行禮，並快速帶他們往餐廳深處走去。

看到這一幕，剛才那幾個被擋在門口的顧客不解的質問服務員：「小姐，妳不是說沒有位子了嗎？他們為什麼直接進去啦？」、「是啊、是啊，為什麼他們就可以直接進去？」、「對啊！有什麼話，妳就直說！這到底是為什麼啊？」

或許是被圍攻得方寸大亂，也或許是被惹惱了，服務員不假思索的回：「為什麼？因為他們有錢啊！」

聽者無不譁然。於是，幾名顧客就在門口鬧了起來。餐廳經理不得不出來解圍，賠禮道歉。甚至還送上了幾張貴賓券，事情才解決。

其實，餐廳客滿是常有的事，有經常往來的熟客直接進入，也是常有的事。只要稍微動點腦筋換個說法，衝突是可以完全避免的。服務員大可微笑的解釋：

「是這樣的，他們早就已經預約，是公司餐聚，他們已經來看過場地好幾次了，因此可以直接進入。如果各位不嫌棄，下次也可以提前預約，我們一定恭候各位的光臨！」

這樣一番話，讓客人感覺得到了貴賓級的待遇，自然可以息事寧人，皆大歡喜，又怎麼會鬧得彼此不愉快呢？

因此，想要有說服力，你應該盡可能的讓你的理由變得更動聽，因為理由才是真正能說服人的關鍵。

如果你想找人幫，你就要想：為什麼他得幫你？別人肯幫，一是看你的面子，另一個就是看你給出的理由。這個理由就是你的觀點。所以，當你在排列組合資訊時，一定要多想一想：你有什麼依據？理由真的有說服力嗎？記住，這些才是聽者最關注的東西。

有一次，諾德．諾斯克利夫發現一家報紙刊登了一張自己不想公開的個人照片，於是寫了一封信給編輯。他沒有直接說：「請不要刊登我這張照片，因為我不喜歡這張。」而是運用了人們尊重母親的心理，這樣寫道：

「請不要刊登我的這張照片，因為我的母親不喜歡這張。」這樣充滿孝心的理由，無疑要比前一個理由聽起來動聽多了，從而更具有說服力。

石油大王洛克斐勒（Rockefeller）不想要報社的攝影記者為孩子拍照，但他沒有直接說：「我不喜歡我孩子的照片被登上報紙。」而是利用人們保護小孩的心理說：「大家都了解小孩子的天性，也許你們自己就有小孩子。你肯定知道，他們這麼小就出風頭，並不是一件好事。」

一般來說，只要你的動機足夠高尚、理由足夠動聽，就可以說服任何人。因為在這個世界上，從來沒有人會拒絕高尚、動聽的理由。

第二章

這時候，怎麼說比說什麼還關鍵

在多數時候，你並沒有很多時間去了解你要說服的對象，因為顧客到來的那一刻，你就必須在第一時間說服他買你的東西，否則，你就會失去機會。那麼，這是否就意味著一切都毫無章法，可以不做準備？錯了！即便是突如其來的說服，你也有必要做一些準備。

事實上，我們是有時間的，只是這個時間不多，通常來講，只有三秒鐘。沒錯，三秒！你只有三秒鐘的時間準備，而且這三秒鐘將直接影響接下來的說服結果！

1 說話要有「自信」——就是不要跟自己過不去

這是一個「氣場為王」的時代。氣場強大，就能像磁石一樣吸引住更多的人，從而說服更多的人。

當你想說服別人時，首先要確認自己的說服底氣。底氣不夠，很難說服別人。然而令人遺憾的是，現實生活中有底氣的人實在不太多。

有個演講家對臺下的觀眾說：「各位，我想知道大家對於自己的看法，認為自己很有魅力的，請舉手？」結果舉手的人沒有幾位。即便是那些舉手的人，往往會被其他的人議論和指點——「哎呀，瞧瞧，這些都是什麼人啊？還自覺很有魅力，臭美吧，太不謙虛了！」

謙虛不是美德，自信能使你換個說法

許多人都處於這樣的「自謙」狀態，不敢肯定自己，並對那些能夠自我肯定的人報以鄙夷的態度。但是，**長期處於「自謙」中，會降低個人的心理預期，不利於自信心的建立**，因而會讓你變得沒有底氣，最終影響你的說服力。

一個人的底氣來自於哪裡？答案很簡單，你的底氣主要來自於你對自我的肯定。簡單的說，就是**敢於承認自己，敢於表現自己，這就是底氣**，從本質上說，就是強大的自信心。

當一個人擁有了強大的自信心，說服力才會有根基。我們不難發現那些卓越人物有一個共同的特點：他們在開始做事前，總是充分相信自己的能力，排除一切艱難險阻，直到勝利。相反的，那些沒有自信的人，往往缺乏說服力。他們所說的話，常會被人忽略。因為**缺乏自信心的支持，聽起來就像是謊言**。

為什麼會這樣？很明顯：一個人對自己有信心，就能夠帶給別人信心；如果連自己都不相信，又如何說服別人相信他呢？

你可以想像一下，當一個人畏縮的告訴你一件事時，你的腦子裡面肯定會閃過一絲懷疑。相反的，若這個人用很肯定的語氣跟你說話，你會更加願意相信他。

買水果時，客人常會問：「這個西瓜甜不甜？」或者「這個橘子酸嗎？」假如老闆回答「也許甜吧！」或者「應該不酸吧！」這種不確定的話，那麼，十個客人中會有九個不會買。

但若是換成：「如果這個不甜，哪裡還有甜的西瓜呢！」或是「我絕不賣酸的橘子。」用這種果斷的語氣，通常都能把東西賣出去，這就是買賣上的技巧。

自信，就是不要跟自己過不去

同樣是古銅色的肌膚，對自己容貌有自信的女性會覺得「我這黝黑的肌膚、烏黑柔順的秀髮，真是好美呀！」但是沒有自信的女性，就會認為「為什麼我的膚色會這麼黑呢？」結果，照鏡子時就會覺得很悲觀，甚至會將鏡子摔得粉碎。

仔細想想就會發現，這些價值的基準是非常主觀的。如果妳覺得自己漂亮，那麼就越照越欣賞；反過來，如果妳覺得自己很醜，可能就越看越傷心。**尤其是自卑感這種東西，通常都是言語所造成的**。因為沒有自信，所以外貌也變得沒有說服力了。

一個看上去很有自信的人，會讓我們覺得他有底氣，會更容易被人接受。相反的，對於那些沒有自信的人，我們就會覺得不靠譜，自然他們所說的話，也不會有什麼說服力了。那麼，如何有自信的表達，讓人感受到你的底氣呢？

1 從生理角度進行心理調節。

生理與心理是互動互制的。心理的變化會引起生理的相應變化，生理的調節也會對心理產生影響。當怯懦時進行生理上一些調節措施，往往能取得良好效果，比如深呼吸、搓手、舒展四肢、走動、洗涮等方式，都可以消除、緩解卑怯緊張的心理。

2 以心理暗示進行心理放鬆。

心理的毛病用心理的方法矯治最直接、最有效。心理卑怯現象是心理誇張性感受所致，必須讓心理感受重新歸位。要達到這一要求，需要採用心理暗示的方式，對對方有客觀、明確的認識，對自己做準確、公正的評估，這樣就能保持清醒、樹立信心。當別人說話顯示出我們沒有的優勢時，可以對自己做這樣的暗示：這是他的優勢所在，我同樣也有優勢，是他比不上的。

3 無須神化對方。

說話的卑怯現象，從本質上說是對對方的評估過高，從而看輕了自己，產生距離意識和崇拜意識。我們應該要加強對對方的認識，切勿對對方過高認定，更不要神化，要把他看作一個平常人，因為談話者都是平等關係，不要人為的把雙方地位拉開。正確認識自我、擺正自己位置、提高自信心。

4 克服表現欲望，注重表達效果。

有時我們說話產生卑怯現象，並不是小覷自己的緣故，而是極強的表現欲望造成的。說話之初一心想著一鳴驚人、壓倒他人。當發現別人口才卓絕、見解精到時，心理上產生失落感、挫折感，情緒受到衝擊而一落千丈。對此，要培養自然的說話心態，把自己的意思清楚的表達出來就行了。

5 用肯定的語氣說話。

如果你感到不確定，那麼這種不確定感將會透過你的聲音共振出去，你所說的每句話，都會被別人解讀為是在問問題。具體的做法是：**每句話的結尾要降調，這樣你說話時聽起來就是對自己說的話很肯定。**

6 音量要大。

說話的聲音大一點，吐字也要清楚一些，以一種口齒清晰的方式來表達，會顯得你受過良好的教育。

7 平時多看書、看新聞，累積可供談話的資料。

在溝通的過程中，我們有可能同客戶談到任何問題，如果準備不夠充分，甚至對客戶所提的問題一無所知的話，那麼談話到了這裡，就會變得很尷尬。沒有話說了怎麼辦？是沉默還是轉換話題？無論我們怎樣做，都會在對方心裡留下不好的印象。唯一的辦法就是，在「戰鬥」開始前，準備好充分的可供談話的資料。當資料豐富了，談話時也就不會發慌，從而避免不必要的尷尬場面。

總而言之，說服他人，要有底氣。這是一個「氣場為王」的時代。氣場強大，就能像磁石一樣吸引住更多的人，從而說服更多的人。記住，**說服是信心的傳遞**，假如你對自己或自己的產品沒有信心，你便很難說服他人接受。

2 當他眼神渙散時——打動對方的技巧

如果我們說的話不能引起聽者的興趣和注意，那麼接下來，無論我們做出多麼大的努力，也不可能說服他們。

想要說服他人，就必須引起對方的興趣和注意。如果對方和我們交談時，提不起勁，一副心不在焉，甚至昏昏欲睡的樣子，那對於我們的說服是非常不利的。

當你發現對方出現那樣的情況時，就要反思一下，是不是哪裡出問題了：

1 語調是像音樂還是像噪音？

講話的語調很重要，平鋪直敘的語調缺乏震撼力，讓人聽了想睡覺。要吸引別人的注意，那麼自己的說話節奏、語調要盡量做到扣人心弦，讓人一聽就會沉浸其中，極為興奮，而不是聽了之後想要睡覺。

2 聲音是不是太軟？

因為性格原因，有些人講話非常輕柔。他們習慣用軟綿綿的聲音同別人說話，讓人感覺有氣無力。在說服的過程中，如果你的聲音太過輕柔，甚至讓對方聽不太清楚，那麼對方往往不會太在意你所說的話。

3 你的內容是什麼？

我們想要說服別人做某件事，講話的內容非常關鍵。它不僅要切合自己的主題，還要讓對方感興趣。倘若你總是東拉西扯說不到正題上，或者內容根本就無法引起聽者的興趣，又怎麼能說服對方呢？

4 講話時你是什麼表情？

法國作家羅曼．羅蘭（Roman Roland）說：「臉部表情是多少世紀培養成功的語言，是比嘴裡講的複雜千百倍的語言。」由此可見臉部表情的重要性。當我們說話時，用相應的臉部表情配合，會讓言語顯得更有渲染力。想想看，如果我們嘴裡說著話，但表情木然，那麼盯著我們看的聽者會有什麼想法？他們會覺得索然無味，進而不注意聽我們說話。

在溝通的過程中，可以經常用以上四個問題來檢視自己。想要成為說服高手，就應該及時發現問題，並自我檢討。如果我們說的話不能引起聽者的興趣和注意，那麼接下來，無論我們做出多麼大的努力，也是白費功夫。

五個打動人心的技巧

除了以上幾點需要注意的，我們還需要掌握一些能引起對方興趣和注意的方法。下面就是幾個打動人的技巧，可多加練習：

1 注意細節，發現對方獨特之處，真誠的表示讚賞。

有一位攝影師，他的工作就是為女明星拍照。注重形象的女明星對拍照都很慎重，攝影師想拍她們，不是一件容易的事情。但是這位攝影師用自己獨特的讚美技巧，達到了目的。他打動對方的祕密就在於，誇獎她們那些平常不為人們所注意的耳垂。這樣做收到了非常好的效果。

其實這並不難理解，一般情況下，人們不會去讚美這些不被注意到的地方。於是，一旦有人說：「妳耳垂的形狀真美，請一定要讓我照一張」，或者「我想表現出妳的脖頸美」，女明星會本能的覺得這個人的觀察很細微、眼光很獨特，從而很容易敞開心懷。

想說服別人，讓別人心悅誠服的說「好」，可以像故事裡的攝影師那樣，指出別人不曾注意或者忽視的地方。這種方法看似不起眼，卻非常有效。

2 用熱情和信心感染對方——從叫名字開始。

波士頓有個棒球隊，因為他們的表現實在很差，所以觀眾一直很少。後來，他們來到了密爾瓦基（勇士隊原本在波士頓，搬到密爾瓦基後成為強隊，一九六六年又搬到人氣更旺的亞特蘭大），這裡的市民對這個新球隊非常熱情，棒球場永遠都是人山人海，似乎每個人都對棒球隊充滿了必勝的信心。

市民們的熱情和信任賜予了這支棒球隊新的生命，隊員們感到了極大的振奮和鼓舞，次年就奇蹟般的登上了聯賽冠軍的寶座。仍然是原班人馬，但這支球隊卻如脫胎換骨般創造了一個又一個佳績，發揮出了前所未有的驚人水準。

那麼，在溝通的過程中，怎麼具體表達你的熱情呢？人際關係專家戴爾．卡內基（Dale Carnegie）說：「對待我們周圍的人，不妨設法了解，並且記住他們的名字。當某一天在路上相遇時，熱情的叫出對方的名字，打一聲招呼，這樣或許就會產生意想不到的效果。」

或許在某個時段，熱情起到的作用並不是多麼明顯，看不見也摸不著，但是它那相當大的感染力，會在後來慢慢展露出來。

充滿熱情的人，嘴裡吐露出來的必定是令人振奮的言語。和這樣的人談話，會在不知不覺間被同化，讓你也變得熱情起來。相反的，一個性情冷淡的人，會讓沉悶的情緒充斥在周圍的空氣裡，當這樣的人說話時，哪怕是苦口婆心的話，我們也不太願意聽。

如果你想做一個說服高手，最重要的就是讓自己看起來更有**激情**，這正**是說服力最大的影響因素**。要是你沒有能力，卻有熱情，還是可以使有才能的人聚集到你身邊來。假如你沒有資金或設備，但你有熱情說服別人，仍然會有人回應你的夢想。

3 不吝於對人說出關心。

解決問題最有效的辦法，就是用誠摯的態度、滿腔的熱情來對待他們。在說服的過程中，要用感情來打動他們。當感動充溢於他們的心中時，他們會打開心門，進而改變自己的態度。

在鎮上有兩家賣豆腐的：老王家和老李家。兩家豆腐的品質都差不多，分量也都很足，但奇怪的是，老王的生意明顯要比老李的好很多。為什麼同樣的豆腐、同樣的分量，生意上會有這麼大的差別呢？

原來，同樣是賣豆腐，老王在給顧客秤豆腐時總會順便多說一句話。比如張大娘來買豆腐，他會關切的問：「最近身體還好吧？」如果是家有小孩的人過來買豆腐，他就會問：「孩子還聽話吧？最近學習怎麼樣呀？」

剛開始時，大家對這種充滿關心的問候並不是多麼在意，但是時間久了，大家開始把老王當成了朋友，不由自主的照顧起了他的生意。

不論你自認為有多麼了不起，也不論你公司股票市值有多高，若你想要讓自己有說服力，就必須關心你的聽眾、關心他們的希望、目標。當你將關心送到對方的面前，對方就不會對你無動於衷了。

4 微笑，練習微笑。

威廉．斯坦赫先生是一個表情嚴肅的人，即使在家裡也很少笑，這讓人覺得他的生活很沉重，或者說很苦悶。後來他在一次培訓過程中，被要求準備以微笑的經驗發表一段談話。這次嘗試改變了他。他開始學習微笑：他對電梯管理員微笑說早安、對門口的警衛微笑打招呼、對那些以前從沒見過自己微笑的人微笑。

很快的，斯坦赫先生發現每一個人也對他報以微笑。他微笑著面對那些滿腹牢騷的人，一邊聽他們發牢騷，一邊微笑著，問題很快就解決了。他驚訝的發現，自己因此得到了更多的收入。

回家後，和妻子交談、和孩子說話，斯坦赫先生始終保持著柔和的微笑，沉悶的家突然被一種溫馨的氣氛籠罩。對於這一切的改變，斯坦赫覺得不可思議，但它確實發生了。

心理學研究顯示，微笑與人的形象有著奇妙的關係。雖然微笑是一種面部表情，卻反映了人的精神狀態和生活態度。在現實生活中，微笑還是人際交往的潤滑劑，能幫助人們驅散心頭的煩惱、消除人與人之間的隔閡，讓你的言語更具有感染力。

5 站在對方的立場思考。

很多推銷員都以自己的立場做推銷。舉例來說，賣蓮花（Lotus Cars）牌跑車時，我們覺得這種車速非常快，所以每一個顧客進來時，往往就會跟他講這牌的跑車跑很快。結果呢？他也許說：「很快嗎？保時捷（Porsche）比蓮花還快呢！」然後就完了。事實上他進來可能要的就是「不一樣」——大家都開保時捷，我就是要開蓮花。

又譬如，有些人講話速度比較快，有些人講話是「嗯……嗯……」了老半天，卻什麼也講不出來的那種。假設一個講話快的人跟一個講話慢的人在一起談生意，你覺得會有什麼效果？結論一定是很辛苦。所以你要學會轉換自己的語速來配合你的說服對象，這樣子他們才會覺得比較親近。

3 這些情況下，如何讓他對你放心

很多時候，對方會突然改變態度，是因為我們沒有拿出足夠的誠意，最終讓人產生不信任感。

當別人不信任你時，你很難說服對方。因此，溝通時，你應該隨時注意對方的反應，以便了解對方對你的信任度。**當遇到下面這些情況，便可以認定對方對你還不太放心：**

- 很注意你「是否遵守諾言」、「是否保守祕密」等最基本的問題。
- 重視那些無關緊要的小問題。
- 以帶刺的言語或抓住話柄來反駁你。
- 眼神中充滿了看透你內心世界的寒氣與冷漠。

▼ 對你說的話無反應，或愛理不理的。

發現這些苗頭，可以幫助你及時反應，以採取適當的方式去挽回。但是在生活中，我們經常會遇到一些意外的情況：本來雙方交談很順利，可不知道怎麼回事，對方的態度突然轉變，讓你措手不及。

做人之道，就是讓人對你放心

有一次，姜先生受某公司的委託，請某位學者幫忙。起初工作進展得好像很順利，但是不久之後，公司的負責人打電話給姜先生，說不知道為什麼，學者的態度突然變了，搞不好會拒絕工作。

公司負責人表示，已經做了各種協調工作，提出了增加工作報酬、更改放款日期等補救措施，也無濟於事。隨後，姜先生再次拜訪了那位學者，聽到學者說的話之後感到非常意外——原來對方擔心公司方面是否能履行相關合約。

姜先生知道，在缺乏信任感的情況下，說服是沒有意義的。因此他當時沒有馬上展開說服，而是說：「你放心，有什麼問題，你都告訴我吧，請讓我去與公司溝通吧。」

然後，姜先生找了公司負責人：「我不知道究竟是什麼原因造成了這樣的結果，也許是一些不重要的小事引起了他對公司的不信任。為了打破僵局，你應該儘快向他表示出公司的誠意和熱情。」

於是，公司負責人當天親自到學者家裡拜訪，並且和學者進行了深入的交談。第二天早上天剛亮，公司負責人就興高采烈的打電話給姜先生：「先生，他願意接受工作了。」

相信很多讀者也遇過這樣的事情，你或許會覺得發生這樣的事情，是因為對方的脾氣古怪，或者是因為對方的胃口太大。其實事實往往不是這樣的。很多時候，對方會突然改變態度，是因為我們沒有拿出足夠的誠意，最終讓人產生不信任感。

如何消除「不信任」？

該怎樣消除對方的不信任感呢？下面提供幾個實用的方法：

1 先讓對方自動走進你的世界。

就好像追求女孩子，如果你總想著帶她出去約會、去吃飯、看電影、喝咖啡、公園散步，那麼對方會有戒心，即便沒有戒心，也會覺得很無趣。

相反的，如果你能夠把她帶入你的世界，介紹給你的朋友、分享你的樂趣、參與你的活動，她就會去幻想成為你的美妙世界的一員。一對一的浪漫是有用的，但是在女生腦中，這一環節應發生在社交團體的環境下，而不是在一對一的隔離中。最好的方式就是融合你的組合和她的組合。

說服也是這樣，你**不能把自己的想法強加給別人**，你要做的是，引導對方了解你，或者盡量去了解他。如果對方的防備心理很強，那麼你可以先讓對方進入你的世界。

2 縮小對方與自己之間訊息量的差距。

當對方詢問你問題時，如果你總是用「我不知道」、「記不清了」之類的話來回答，很容易讓人產生不信任感。訊息量不足，是人們無法彼此信任的主要原因之一。因為雙方掌握的訊息量有出入，對方會擔心自己處於不利的狀態。如果不消除對方這種心理狀態，就想要他做什麼事情，他會擔心你在利用他的無知，就會對你產生不信任感。在這種情況下，有兩點必須注意：

第一，不要認為對方可能已經知道了，就不再告訴他。這時，「因為他沒問，所以我沒說」這種說法是行不通的，因為對方有可能不知道自己的不明之處，而不主動詢問。因此，為了防止因訊息量的不同而產生不信任感，或是消除已經產生了的不信任感，你首先應該**把你認為「他應該知道」的事情詳細告訴對方**。

第二，資訊來源過於單一（都是出自你口中），反而會招致對方對你的不信任。因此，你應該提供對方，他可以確認那些資訊是否可靠的辦法。例如，你可以對他說：「你去問○○，就更清楚了」。

另外，在說服的過程中，把好事和壞事都講明，也是消除不信任感的好方法。

3 告訴對方事實，不做「太多」解釋。

資訊不足會引起對方的不信任，而混雜在這種資訊不足狀態中的「錯誤」資訊，則會加深對方的不信任感。由此可見，不信任感不僅來自數量上的差別，資訊品質上的差別更會使事情變得嚴重。為了避免這類事情的發生，你當然應該將自己所知道的資訊告訴對方，並且指出哪些資訊是你確信的、哪些是傳聞。

另外，要提醒你的是，當誤會產生時，可以去解釋，但是不宜說太多。因為在對方不信任你的前提下，你所做的「解釋」常被對方誤解為「找理由辯解」。若是處理不當，甚至會被誤解為「狡辯」，反而會加深對方的不信任感。在這種情況下，與其吃力不討好的解釋，還不如乾脆先放棄說明，向對方提供正確、充分的證據。

當你告訴對方相關事實，客觀的將與誤解有關的情況向對方和盤托出，並希望他尊重事實。如果對方是位明理之人，一定會從你提供的情況中發現誤會，並與你恢復原來的信賴關係。

4 迂迴不成換直接，個人行不通換群體

迂迴說還是直接說，個體說還是群體說，你得現場判斷。

在說服別人之前，我們要確定應採取何種策略。恰當的策略能幫助我們更快達成目的。

迂迴說，還是直接說？

迂迴說是一種柔和的策略，方法很簡單，就是在說服過程中，不直接點明主題，而是採取迂迴方式，先說一些無關緊要的閒話，然後再慢慢步入正題。這些閒話會起到一個很好的過渡作用，使溝通不顯得過於突兀。

比如，當一個人對我們懷有相當大的戒心時，我們可以先閒話家常，使他消

除戒心，然後再進入主題。但要注意，運用迂迴方法時，要把握好時間，找機會快一點切入主題，千萬不要讓人失去耐心。

美國著名作家馬克・吐溫（Mark Twain）有一次到教堂裡聽牧師做號召募捐的演講。這位牧師的知識極為淵博，口才也很好，演講起來聲情並茂，非常吸引人。

剛開始，馬克・吐溫覺得牧師講得非常出色。他決定等過一會兒，牧師講完之後，他就去捐款。不過十分鐘後，這位牧師的演講還沒有結束，甚至還沒有講到募捐上面。

馬克・吐溫開始有些不耐煩了，覺得這位牧師很囉唆，東拉西扯總也講不到正題。他改變了主意，決定等一會兒只捐一些零錢。

他耐著性子又聽了十分鐘，牧師還沒有講完，才剛剛講到了募捐。這個時候，他的忍耐已經到了極限，牧師講的是什麼，他沒有聽清楚，只是又改變了主意，決定等會兒一分錢也不捐。

終於，牧師講完了，馬克・吐溫的忍耐也到了崩潰的邊緣。他走的時候，不僅一分錢也沒有捐，還從箱子裡拿走了兩美元。

馬克・吐溫絕對不是小偷，他之所以會拿走兩美元，是因為內心無比憤怒，他憤怒的根源在哪裡？很簡單，他覺得這位牧師太囉唆了，一直在閒話家常，而不肯切入正題，結果使得演講花去了他很多時間。

馬克・吐溫是一個惜時如金的作家，他厭惡那些浪費時間的人，而這位口才出眾的牧師恰好觸碰了他的底線。我們只能說，就算這位牧師的口才再好，他的演講也完全沒有進入馬克・吐溫的耳朵裡，主要是因為他的閒話太多，切入主題太晚。

其實每一個想透過閒話家常來說服別人的人，都很聰明，因為他們懂得用迂迴戰術來實現自己的目的。但過猶不及，凡事適度就好，不要超過一定的限度。在說服的過程中，適當穿插一些與主題無關的話不要緊，但千萬不要一說起來就沒完沒了，如此一來，主題的地盤自然就被侵吞了。

至於一**開始就直奔主題的直接說**，最常用在銷售過程。很多業務員為了拉近與客戶之間的距離，往往東拉西扯的說了很多閒話。其實這完全沒有必要，因為客戶知道業務員想要的是什麼。一味的說閒話，會讓他們覺得煩躁，認為對方不夠真誠，甚至失去交談的耐心。

是各個擊破，還是打群體戰？

在分析說服對象的幾秒鐘裡，你還要快速決定一件事情，那就是要個體說服還是群體說服。

個體說服其實像是「單挑」，你直接面對對手，用盡手段，誓必達到目的。好處是你的對手只有一個，目標更集中；壞處是他可能十分難纏，難度就會大大增加。

群體說服主要是利用群體的影響力，提升效果。例如，你想要說服一個群體去參加某次活動，其中有十個人決定去，還有五個人猶豫不決，那麼再努力一下，這五個人可能就會因為另外十個人而改變自己的想法，也決定去。當然，要是其中五個人決定去，而另外十個人決定不去，就會導致你的說服計畫失敗。

是個體說服好，還是群體說服好？需要根據實際情況來判斷，你可以根據自己的需要進行選擇。

陳先生擔任某公司的總經理一職。有一次，他在巡視一個工廠時，看到工廠的禁菸區有七、八個工人聚集在一起抽菸，而在這些工人的身旁，就立著「禁止吸菸」的牌子。這樣的事情讓他很頭痛。

他已經不只三次遇到過工人抽菸的情況，他什麼方法都用過了，批評、責罵，甚至罰款，但是都沒有用，工人們依然如故。甚至明明已經看到總經理走過來了，也沒有要熄滅菸頭的意思。

怎麼去說服他們不要在這裡抽菸？如果強行制止，那麼自己走了之後，他們是不是還會像前幾次一樣，仍然在這裡抽菸？

就在這個時候，他突然靈機一動：既然群體說服無效，為什麼不試試個體說服呢？於是，他裝作沒看見，轉身離開。回到辦公室後，就請祕書把那幾個工人依次叫進來。

第一個工人進來時，表情明顯有些緊張。顯然他認為總經理肯定要狠狠批評他，因此心裡很忐忑。但是陳先生並沒有罵他，而是非常親切的和他閒話家常，問起了近況。這使工人的心情逐漸放鬆下來。直到最後，陳先生才說到這次在禁菸區抽菸的事。

他說：「在我的記憶中，你好像不是第一次犯這樣的錯誤了，對嗎？可以和我說說為什麼嗎？工廠並不禁止抽菸，甚至有專門的吸菸區，你大可利用休息時間在吸菸區抽菸，為什麼一定要明知故犯呢？」

看工人有些緊張，陳先生笑了，說道：「你不用擔心，我現在不是老闆，你也不是員工，我們是朋友。朋友之間，什麼都可以說。我只是想了解一下，我自己什麼地方做錯了，為什麼總是說服不了你們？」

接著，他又向這個工人講了自己的一些想法，說了一些推心置腹的話。陳先生的真誠，讓這名工人大為感動，表示以後一定不會再違反制度。

後來陳先生又分別和其餘幾個年輕人聊天。他逐一攻破了他們的心房，說服了他們，大家都表示以後一定不再犯這樣的錯誤。

個體說服強過群體說服？不一定！群體說服強過個體說服？也不見得！選擇哪種戰術，要視情況而定。通常，我們遇到陳先生那種情況，會先選擇群體說服，如果不奏效，則會選擇個體說服。

總而言之，要成功的說服他人，就要選擇適合的表達方式，尤其要採取適合對方的表達方式。記住，**一樣米養百樣人，同樣的說法，不見得適合每個人**。是迂迴說，還是直接說？是群體說服，還是個體說服？到底採取哪種方式更好，這要依據實際情況來定。

5 十二次的「不行」，只為成就一次「好吧」

一場談判，只有你說結束，它才算是真的結束，否則失敗絕不會提前到來。

如果你是一名銷售員，一定會遇到這樣的情況：自己滿懷熱情，卻被客戶無情的拒絕；遇到非常刁鑽的客戶，生意沒談成，還惹了一肚子氣；經過多次的拜訪，在馬上要簽合約時，卻橫生枝節，最終客戶與競爭對手簽約……這時，我們該怎麼辦呢？埋怨、退縮？要是這樣，你趁早別幹了！

在溝通的過程中，你必定會遇到各式各樣的困難、各式各樣的人，要克服這些困難、說服這些人，沒有耐心是不行的。

一場談判，只有你說結束，它才算是真的結束

有位光學公司的推銷員，想說服一位先生購買新發明的感光紙，但是他聽說那位先生對新技術、新發明一向不感興趣。不過推銷員沒有退縮，依然前往拜訪。

推銷員講話很有禮貌，他很細心的向那位先生解說新型感光紙的好處，但是對方絲毫都不感興趣。推銷員一再拜訪，一次、兩次……終於有一天，那位先生不耐煩了，破口大罵：「我說你這人怎麼回事啊，我說不需要，就是不需要，要講幾次你才了解？」

一般人遇到這樣的情況，大概會非常沮喪，甚至會就此放棄。然而這位推銷員心裡卻想：「哦，他生氣了，證明他已經開始在意我的行為了，這代表著有希望。既然已經生氣了，讓他情緒穩定下來就太可惜了。」

於是推銷員第二天清晨又去了。那位先生一開門，就看到了推銷員的笑臉，吃驚道：「昨天才跟你講過，怎麼又來啦！」

「喔，昨天很難得挨罵，所以我今天又來了。」推銷員微笑著回答，

「打擾你了，再見，先生。」那位先生一下子呆住了，大概在想：這個人不會是有病吧？還有專門來找罵的？而推銷員則認為客戶已經有了反應，達到了一定效果，所以暫時以退為進。

第三天一早，推銷員又去了；然後第四天再去……經過一再的接觸，那位先生終於被推銷員的毅力所打動——他被說服了！

這個故事就是要告訴你，不要輕易說放棄。**一場談判，只有你說結束，它才算是真的結束，否則失敗絕不會提前到來**。無論對方對你說多少次「不」、多少次和你意見不一致、多少次難為你，統統沒有關係。要始終鎖定你的目標，但當然是在不會給對方帶來困擾的情況下。

總而言之，堅持不懈就是要集中所有精力、想盡一切辦法，最終實現自己的目標。如果對方對你的堅持不屑一顧，你可以說：「那好吧，我不過是在盡力實現我的目標而已。還有什麼更好的方法嗎？」有些人可能不願幫助你，但願意幫助你的人要比你想像中的多，他們會讓你繼續嘗試下去，直到最後讓你滿意而歸。

現實生活中，許多人為某件事情進行談判時，往往只嘗試幾次就放棄了。如果他們願意嘗試無數次，就會發現每一次的嘗試，都會帶來細微的變化。

迪格爾先生需要重新預訂從費城飛往邁阿密的航班機票。前一天，一場暴風雨讓他沒能趕到機場，因而錯過了當天的航班。他想讓航空公司免掉他一百五十美元（約新臺幣四千六百五十元）的航班改簽服務費。

迪格爾先生打了十三次電話，前十二次的回答都是：「不行」，最後一次對方終於回答說：「好吧」。這個過程雖然花了一個半小時，但他卻省了一百五十美元。

對於說服，迪格爾先生有自己的見解：「態度要好，而且還要堅持不懈。當對方說不行時，問問為什麼不行。我隨時都做好了談判的準備。」

這世界上最難拒絕的就是堅持！有不少善於說「不」的人，最終在這個最簡單的策略上遭遇「滑鐵盧」，所有的人都會承認，最笨拙的說服方式，就是堅持。可能沒有人認為，這種方式會有用。

說服本來就可能會讓人感覺煩惱，特別是一而再、再而三，不斷的說，可能會讓人產生出厭惡的心理。這樣的情況下，又怎麼可能讓人接受呢？然而事實上，許多人是招架不住這種百折不撓的精神的。哪怕這種行事方式讓人很厭煩，但這種堅持到底的精神、始終不變的意志，很容易贏得人們的佩服。

在感情上，因為堅持最終得到愛人青睞的例子很多。事實上似乎也是如此，不少女孩子一開始並不喜歡自己的男朋友，一見鍾情的事情並不多，大部分都是經過長時間的相處，才逐漸建立穩定感情的。

本來對某個男孩沒有太多感覺的女孩，卻常會因為這個男孩的堅持而感動，甚至接受「頑固不化」的愛。為什麼會如此呢？大概是因為這個男孩堅持的時間已經足夠長，長到讓女孩對於男孩的存在已經習以為常——他要是不在身邊出現，女孩就會覺得心裡很難受，做事情都會沒精神，於是愛情就順理成章了。

世間最讓人敬佩的，就是這種韌勁：妳不答應他、他就不放棄。他也不鬧妳、不吵妳，就是不斷的在妳面前表達自己。妳要他閉嘴、他就閉嘴。但妳要他滾、他就是不走。他會站在妳每天經過的地方，等著妳的到來，只要妳一出門，抬起眼睛，就能看到他的身影。

一開始妳可能會覺得很煩、很討厭，可是隨著時間的推移，妳可能會憐憫他、敬佩他，總之妳會慢慢的接受他。

為什麼你對同事、客戶說話客氣，對家人就不行

其實不僅對於客戶需要足夠的耐心，對於親近的人，我們更需要有耐心。

假期到了，不少人都回家陪爸媽，但有的人歡歡喜喜回家，卻生著悶氣離開。原因或許讓人覺得可笑，只因媽媽要他多吃半碗飯，嘮叨了幾句，於是不耐煩的甩頭就走；幫爸爸買了新手機，他有個功能沒弄明白，多問了幾句，我們覺得厭煩，指責說：「怎麼這麼笨」。

假期結束，回到職場，面對老闆、同事、客戶，卻又換了一副面孔，耐心的給這些「別人」解答問題。我們對不相干的人客客氣氣、彬彬有禮，對親近、呵護自己的人卻毫無顧忌、任性無禮。很多人對親人發了脾氣，事後很懊惱，但下次依然還是如此。

為什麼會這樣呢？究其原因，是親人的包容讓我們太放肆。如果我們對主

管、同事等發脾氣，很可能會損害彼此的關係。因此，我們在溝通時會有意無意的注意方式、方法。而對於親人，因為彼此存在更穩固的關係，我們知道，即使言行出格（按：言行舉止不合乎法度、常規），他們也會寬容、忍耐、體諒。

同時，我們對親近的人有很高的心理預期，認為他們應該支持自己，一旦碰到不順，容易形成心理落差，就會產生：「別人不理解我也就罷了，怎麼連你也不理解！」這樣的想法，因此，我們就會變得沒有耐心。

但是，我們往往忽略了一些事情：當隨意將外人給自己的傷害轉移給另一半時，我們沒有看到對方默默端來的一杯熱茶中飽含的關心；當不耐煩的打斷父母善意的嘮叨時，我們不曾看到老人無言的離開，在屋子裡悄悄傷懷。親人們無怨無悔的承受我們的傷害，因為他們離我們最近，與我們最親，能用愛包容我們。

因此，擁有足夠的耐心，不僅是商業說服所需要的素質，也是生活說服中所不可少的品質。

第三章

原來行不通的事，怎麼換個方法說

打仗需要武器，說服也是。你的形象、特色，還有事實、資料之類，都是說服的「武器」。若你能夠靈活的使用這些，將增強你的說服力；若你不懂使用，即便有神兵在手，也毫無價值。

本章將為你詳細解讀增強說服力的幾個關鍵「武器」，透過案例分析，讓你了解這些武器帶來的具體作用。

1 這個社會以貌取人，形象不同就等於換了方法說

雖然我們不提倡「以貌取人」，但我們不得不承認，人都是愛美的。外表漂亮的人在社交方面有很多的優勢。

一九六八年，緬因州參議員馬斯基（Muskie）競選州長，受到了選民的追捧。但是，就在這形勢一片大好的當口，有一家報紙惡意批評他、攻擊他的太太，惹得馬斯基非常惱火，最後他忍不住了，跑到這家報社歇斯底里的痛罵對方一頓。結果，他不只輸掉了初選，而且還就此淡出了政壇。

為什麼馬斯基會在占盡優勢的情況下，突然遭遇「滑鐵盧」？原因很簡單，因為大家覺得他們的領導人不該是這個樣子的——領導人究竟該是什麼樣子的呢？

雖然每個人的看法都會有不同，但是最起碼應該淡定一些，不能因為惱羞成怒，就在公眾場合破口大罵。

也就是說，馬斯基的失敗，就在於他的行為表現不夠穩重，不符合大眾眼中的領導人形象。就因為這樣，大家都不願意將票投給他。

想出人頭地，就得表現出專業形象

二〇〇四年美國總統大選，小布希（George W. Bush）為什麼會獲勝？因為他說的一句話：「即使我們意見不一致，至少你們知道了我的信念和立場。」這句話和他的競選對手——民主黨總統候選人約翰·凱瑞（John Kerry）所說的話，形成了鮮明對比，約翰·凱瑞的話總讓人感覺他對登上總統寶座充滿渴望。

二〇〇八年美國總統大選，歐巴馬（Obama）為什麼會獲勝？很大一部分原因在於第二輪總統選舉辯論。每一次，當共和黨候選人馬侃（McCain）要對歐巴馬施以猛烈抨擊時，歐巴馬總是面帶笑容，表現得非常合作、沉著冷靜，顯示出一派總統風範。當時由《紐約時報》和哥倫比亞廣播公司聯合展開的一項民意調查顯示，馬侃怒氣衝衝的語氣，和對歐巴馬進行人身攻擊的行為，給六〇%的選民留下了負面印象。

這些例子告訴我們，一個人的說服力，不僅表現在口才上，也表現在個人所展現出來的形象上。就像馬斯基一樣，若他能夠控制自己的行為表現，正視「領導人」這一個社會角色的形象特點，就不會讓選民失望，自然能夠得到選民的支持。讓我們再來看一個故事：

卡珊多拉在職場工作多年。有一天，總經理找她談話，說公司即將進行部門職位的調整，有一個經理的空缺，但已決定派另外一個人上任了。

卡珊多拉一聽，不太服氣的說：「公司交代的任務，我都全力以赴，而且我的能力也不比別人差，為什麼公司不選擇我？」

總經理說：「因為平日開會時，很少看到妳發言。妳總是自己一個人埋頭苦幹，如果升妳當經理，妳懂得和部屬溝通，並鼓舞他們的士氣嗎？當妳需要代表部門與其他單位協調時，妳能從容的完成任務嗎？因為我沒有看到妳表現出溝通的能力，所以很抱歉，這次我不能提名妳當經理。」

回家後，卡珊多拉大哭了一場，但是她也領悟了一個道理：如果想在職場裡出人頭地，就得表現出自己的專業形象。

在工作中，你有注意自己的個人形象嗎？你希望在主管、客戶面前侃侃而談，完美呈現自己努力的成果，還是手足無措、語無倫次，讓人對你的印象大打折扣呢？

形象決定你的價值

記住，個人的形象往往會在一定程度上表現出一個人的說服力。如果你去演講，那麼從你出現在聽眾面前的那一刻，就已經開始和聽眾進行交流了，你要塑造出一個可信賴的形象：穿上合適的套裝、不要刻意化濃妝、髮型要讓人覺得很清爽；同時，事先檢查衣服上是不是有線頭露出來，並避免戴太大的首飾，這些小細節都會影響聽眾的觀感。

雖然我們不提倡「以貌取人」，但我們不得不承認，人都是愛美的。外表漂亮的人在社交方面有很多的優勢。我們會對外表漂亮的人自動、不假思索的產生一種讚美反應。

如果你想要擁有強大的說服力，那就不應該埋怨你的聽眾「以貌取人」，與其埋怨，還不如趕快為自己塑造一個良好的個人形象。

1 用符合自己身分的語言。

在講話過程中，選擇符合自己身分的語言，表現出你的自我角色，會讓你有一種責任感、分寸感。如果你以為自己權力在握、德高望重，想說什麼就說什麼，那麼，你就對講話的目的產生了一種誤解。這樣說是有失身分，有損於自己的形象和威信的。

有個公司組織考察團到日本考察。考察結束後，許多人用剩下的幾天時間觀光購物。沒想到的是，在公車上，他們遇到了麻煩：不知道怎麼回事，他們和一群年輕人激烈的爭吵了起來。

雙方人馬雖然語言不通，但都情緒激動。就在他們吵得不可開交時，一位日本老人走到那群年輕人面前，用很嚴厲的語氣訓斥了他們幾句。沒想到那幾句簡單的訓斥相當有效，那些年輕人立刻就安靜了。考察團的人十分感謝老人家。

讓他們想不明白的是：一位普通的老人怎麼能三言兩語的，就將一群情緒激動的年輕人訓斥得服服貼貼？難道他的話中藏有玄機？翻譯人員把那位老人家的話翻譯了一遍：「人家是客人，我們作為主人怎麼可以如此無理！你們趕緊給我老老實實的坐好，別再造次！」

這是很普通的話，沒有不尋常，為什麼說服效果這麼好呢？道理很簡單，因為老人家使用的語言符合他的社會角色。日本人十分尊重老人，也願意遵循老人的教導。所以老人靠著年齡賦予自己的社會地位，再加上和身分、環境相符的語言，才能聲色俱厲的訓斥一群素不相識的年輕人，使他們安靜下來。試想一下，如果老人家和顏悅色的說教，恐怕效果就會差很多。

若想讓當眾講話符合自我身分，須做到如下三點：第一，你的稱謂、口氣要適合。第二，要注意自己的多重身分，針對不同的環境，選擇相應的表達方式，使表達與自身思想情感的表達相符合。第三，要選擇與處境、心境相協調的說話方式。

話雖是說給聽眾聽的，但話說得好不好，能不能充分發揮語言的影響力，為聽眾所接受，就要看你能否正確認識自己的角色，使用符合自己身分的語言來實現對談話對象的影響。

2 合宜（未必高檔）的打扮。

衣著打扮得體，不僅能給自己帶來快樂和自信，也能讓人產生信任感。

如果一個推銷員不注意自己的衣著打扮，在一些客戶看來就是對他的不尊重。可能你覺得這沒什麼，但有些客戶卻很在意這些。不尊重客戶，自然會影響你拜訪客戶的效果。現在的客戶是聰明又謹慎的，他們一般只信賴那些懂禮貌又很成熟的人。如果你是客戶，你會把自己上千萬的預付款，交給一個連你自己都覺得靠不住的人嗎？

衣著打扮得體並不是一定要西裝革履，也可以穿得自然一些。不然也會給人一種刻板的感覺，感覺你是「職業」的，並不親切，所以講究衣著不一定是要非常刻板。不過，不管你是穿西裝還是夾克，關鍵是要保持整潔和品味。打扮太時尚、前衛，客戶心理上不一定都能接受。

有些推銷員為了給客戶留下美好的「第一印象」，總是穿著高檔名牌西裝上門。其實，這反而有可能弄巧成拙。並不是你穿得越好，客戶就越重視你。曾經有一個滿身名牌的推銷員走後，他的客戶議論：「他穿得那麼好有什麼了不起？他之所以穿得那麼好，還不是因為提成拿得多？而他之所以拿那麼高的提成，還不是因為他們產品價格高、利潤大嗎？我不買他的東西還不成嗎？」

一般說來，年輕的推銷員，最好穿得稍微樸素一點，這樣能給客戶一個穩重、成熟的印象；年紀稍大一些的推銷員，則最好穿得時尚一點，這樣可以避免給客戶一種老氣橫秋的感覺。性格有些偏內向的，那就不妨穿得稍微有活力一點，這樣看起來會開朗活潑一些。

3 注意自己的精神狀態——累也不能萎靡。

不要以為外表打扮好就萬事大吉了，還要注重無形的方面。當你踏入客戶的辦公室時，如果你讓客戶看到的是一張陽光燦爛的笑臉，那麼你留給客戶的第一印象就會非常好；因為親切而自然的笑容永遠是受歡迎的。對於推銷員來說，微笑是一張心靈的名片，必不可少。你給客戶的第一張名片如果是笑容的話，那對於你的客戶來說，它遠比你身上穿什麼樣的衣服更重要。微笑就像三春（按：指春季孟春、仲春、季春三個月）的陽光，能融化堆積在人們心靈之間的冰雪，改變客戶的心情，製造出你與客戶交流所需要的和諧氣氛。

最後，要提醒你的是，在塑造個人良好形象的過程中一定要注意，適合別人的方法，並不一定適合你。同樣的，適合別人的打扮，並不一定適合你。你需要找到最適合自己形象的表達方式！

2 普通人怕與眾不同，高手說話總在意料之外

鶴立雞群，鶴之所以贏得目光，自有其漂亮的原因，但是更顯眼的地方，還在於其與眾不同。

思想獨特的人比較容易獲得別人的認可，因為如果我們的觀點沒有新意，那麼整個談話都會變得乏味。試著想想，一場乏味的談話能有什麼說服力呢？

有新意更有心意——曾經奏效的內容也別照套

大家都很喜歡看奧斯卡頒獎典禮，但是不喜歡聽其中的講話。因為典禮上的

講話毫無新意。每一場感言都以獲獎很意外開始，然後進入到對一大堆人的致謝中去，這些人員的名單幾乎與電影結束時字幕上的一模一樣——全是空話、大話、廢話。

觀眾開始變得躁動，盼望插播廣告。若不是典禮上聚集了許多養眼的明星，估計沒有人願意去看。好在這整場過於冗長的典禮上，偶爾會有那麼一次或兩次，有人勇敢的站起來，說一些真心真意、見解深刻、出人意料的話。這些人會比在場的所有其他明星都令人矚目。

大多數人充其量都屬於不好不壞的演講者。大部分得獎者發表的演講就像背景音樂一樣——令人愉悅、不痛不癢、轉眼就被遺忘。倘若以這些人為榜樣，就沒有人會注意、關心，或者記住你所說的話。要使自己脫穎而出，使傳達的資訊令人難以忘懷，你必須與眾不同。

斯特林先生是一名管理諮詢師，有一天，他接到了一家非常卓越的專業公司的電話。公司的老闆說：「我們經常發標書和投標，與其他公司進行競爭，在過去的十八個月中，我們已經寫了十二封標書，進行了大量投標。但一個也沒有得標。」

斯特林感到很驚訝：「為什麼會這樣？」那位老闆很坦白的說：「我自己也不知道，這也正是我打電話給你的原因，我想聽聽你的建議。」

斯特林對那位老闆說：「好吧，但我必須對你的公司有所了解，你把那十二封標書及其詳細報告郵寄給我。」

第二天，來了一輛小型貨車，快遞員下車把沉甸甸的包裹遞給斯特林。然後，斯特林坐下來閱讀了這些標書。

第一封看起來非常專業，給人的印象非常深刻。第二封與第一封一樣，除了在文字處理上把客戶名稱更改以外。接著，第三封、第四封……剩下的所有表述都極其相似——基本上是字字一樣。

斯特林把這個問題告訴該公司，質疑道：「你們為什麼把這些標書做得都一樣呢？」

公司老闆回覆道：「哦，是這樣的，編制第一個標書時，我們耗費了很長時間，做得也很好，所以用它來做其他標書的範本。那樣的話，團隊中每個成員都能在這個範本上打出標書，能夠加速我們的工作流程。」

聽了這些解釋，斯特林表示：「你們想創建一個系統來處理標書，這是不錯的想法。但是我的建議是，不要使用這樣的表述範本，你們最好做不一樣的標書，那樣才能突顯出你們想要和有必要突出的重點。」

斯特林的建議被公司老闆採納了，他們隨後又進行了五次投標，結果得標兩次。根據客戶的特別要求，分別編制標書，這是很簡單的思路，但是偏偏被人忽略了。令人驚訝的是，一模一樣的方法嘗試十二次，失敗十二次，卻仍然沒有去問自己：「為什麼一次都沒有成功？」

勇於讓自己與眾不同——讓人意外

具有說服力的人，不會死守陳舊的規則。他們喜歡新的東西，敢於冒風險，做事常常出人意料。在聽眾的面前，他們常常出其不意。他們避開大多數演講者的預期做法——能預期到的東西總是令人厭煩的。他們總是喜歡使自己和所傳遞的資訊令人難以忘懷。

你可以透過說些與眾不同的話，或者採用與眾不同的演講方式來做到這一點。

1 內容與眾不同。

為什麼要說一些聽眾已經知道和相信的？或者任何其他演講者都能告訴他們的內容呢？這樣做只會令人厭煩。你的目標是在某種意義上改變聽眾——改變他們看待這個世界，或看待他們所在地方的方式，改變他們認為他們能做到的想法、改變他們做事的理由。因此，你所傳達的內容不能一成不變，老生常談。

真正的說話高手除了能看到其他人看到的，還能看到其他人所沒有看到的。儘管與其他人說的是同一件事，他們卻能說出不同的面向。在許多時候，聽眾喜歡聽意料之外的事情，他們會尊重和記住那些具有獨特見解的人。

2 內容相同，但呈現方式與眾不同。

你也許說不出一些新的東西，如果真是這樣，那你至少可以用與眾不同的方式進行表達。

一位非營利機構的執行主任，需要在其他非營利組織領導們在場的大會上，發表簡短的演講。大會規定，她只有十五分鐘的時間，用於闡明她所在機構面臨的主要挑戰以及解決辦法。另外四位執行主任將在她之前就同一專案發表演講，和她一樣也只有十五分鐘時間。每一位演講者都站在講臺後的半暗處，旁邊是舞臺的中心位置，放著投影布幕，用來播放幻燈片。

輪到她時，她能感覺到聽眾已經想打瞌睡了。於是，她把投影機關掉，並叫人把觀眾席的燈打開。她將麥克風拿在手裡，離開講臺，走向中間的走道。

「我想與眾不同的利用這規定的十五分鐘時間，」她說：「我將盡可能簡單的告訴你們，我所在的機構做了些什麼，以及我們為什麼這麼做。然後，以你們在非營利機構擔任領導的經驗，以及你們從其他演講人員那聽到的一些相關內容，我將請你們告訴我，我所在機構面臨的挑戰是什麼。如果可以，我將告訴你們，我們是如何調整自己解決這些問題的。」

隨後，她用準備好的備註回答了聽眾們提出的大多數問題。聽眾們的積極性被調動了起來，他們認為她是最突出的一個，在此次大會的剩餘時間裡，他們都在討論她的演講。

3 就算一點點不同——強調產品的特色。

成功與否，往往就看你是否與眾不同，特別是同質化嚴重的環境中，差異化將使你脫穎而出。問自己：「我可以做些不同的事情嗎？我的產品有什麼特別之處嗎？我能夠給別人帶來更加新奇的體驗嗎？」

記住，要學會讓自己的發言變得突出。不要試圖成為他人的複製品，試試與眾不同吧。鶴立雞群，鶴之所以贏得目光，自有其漂亮的原因，但是更顯眼的地方，還在於其與眾不同。學會突出，做不同的事，這樣不僅能夠吸引他人的關注，同時，也能夠鍛鍊你的思維。

3 談你的親身經歷，或創造他的經歷

真實的例子是最好的說明，因為它能讓一個觀念顯得清晰、有趣，具有說服力。

西元前四十四年，也就是羅馬共和時期，當時最重要的政治人物凱撒（Caesar）在前往元老院時，被布魯特斯（Brutus）帶著暴民刺殺身亡。在凱撒的喪禮上，另一位大將安東尼厄斯（Antonius）前往祭奠，他要求對公眾說話，布魯特斯答應他的要求，但有一個要求，就是安東尼厄斯不能說任何一句讚美凱撒的話。安東尼厄斯同意了，他的演講詞如下：

「諸位朋友，在場的羅馬人、我的同胞，請聽我說。我來這裡，是為了埋葬凱撒，而不是讚美他。人若為惡，死後遺臭萬年；所為的善，卻往往隨著屍骨入土。讓凱撒也是如此吧！

「尊貴的布魯特斯告訴你們，凱撒是個有野心的人。果真如此，這確實是他重大的過失，而凱撒也為此付出了沉重的代價。因為布魯特斯是個品德高尚的人，還有，其他人也都是品德高尚的人——此時此刻，我才能得到布魯特斯和其他人的同意，在凱撒的喪禮上說幾句話。

「凱撒是我的朋友，對我忠誠而公正。布魯特斯，這個品德高尚的人，卻說他是個有野心的人。凱撒帶著許多俘虜回羅馬，俘虜的贖金充實了國庫，他這樣的行為，像是有野心的表現嗎？

「窮人哭泣時，凱撒會一起流淚。鑄成野心的應該是更硬的心腸，但布魯特斯，這個品德高尚的人，卻說他是個有野心的人。大家都看到在牧神節，我三次向凱撒獻上皇冠，他三次都拒絕。這也是野心嗎？但布魯特斯，這個確實品德高尚的人，卻說凱撒是個有野心的人。我這麼說並非要駁斥布魯特斯，只是說出我所知道的事實。

「大家都曾經愛戴凱撒——並非毫無理由，那麼，現在又是什麼原因阻止你們為他哀悼？哦，判斷力！你已遁入野獸心中，人們已經喪失理智。我的心好像和凱撒一起入棺，而我必須稍停片刻，等它回到我的身上。」

安東尼厄斯完全遵守約定，沒有說任何讚美的話，僅靠著他簡潔而有力的演說，讓那些暴民們最後轉而去攻擊布魯特斯。你看，語言的力量有時候比刀劍還要厲害。那麼，安東尼厄斯的話為什麼會如此有鼓動性呢？因為他的話裡話外都在列舉事實。

真實的例子是最好的說明方式

當一種觀念進入心底很長時間時，有時用言語的確難以改變它。此時，你得用事實這種最有力的武器來說服。俗話說，事實勝於雄辯。當你把事實擺在面前的時候，對方必然無話可說。

如果你想**要改變一個人對一件事的偏見**，**最好的辦法就是列舉事實**。如果你想要改變一個人對另一個人的偏見，這雖然更加困難，但用列舉事實的方法同樣可以做到，只不過需要更長的時間、更多的堅持，也需要累積更多的事實。

有位演講家說：「真實的例子是最好的說明方式，因為它能讓一個觀念顯得清晰、有趣，具有說服力。」

1 談一談自己的親身經歷——所以，勇於經歷吧！

如果一場演講中，主講人所說的全是資料或理論，通常很難引起聽眾的興趣。在精彩的演講中，你所講的內容一定要跟你自己的親身經歷、你閱讀過的資訊、你聽到的話有關。談你自己熟悉而確信的東西，演講就不會失敗。

美國著名脫口秀明星歐普拉（Oprah Winfrey）的口才非常好，她善於用自己的語言贏得他人的信任。她會向聽眾談起自己貧困的童年生活。她在六歲時才擁有了第一雙鞋子、她的父母從來沒有結過婚；她被迫在母親、奶奶和父親之間被輪流撫養。她還談到自己經常被性騷擾。但是，在說這些關於她自身經歷時，她並沒有博取同情的意思。她不僅大膽的講述自己的故事，同時也願意聆聽別人說出他們自己的真實生活。

講一件真實的事情，比講一籮筐的大道理更能證明你的論點。在美國前總統比爾・柯林頓（Bill Clinton）第一次當選時，有一個慶祝晚會，好多人上臺談論他們心目中的柯林頓。

其中有一段是訪問柯林頓的高中同學，他說：「我畢業以後，就在義大利美軍基地服兵役。有一天早上電話鈴響了，我接起電話，原來是我的父親去世了。等我掛上電話，五分鐘之後，電話鈴又響了，是柯林頓打來的。那時候，柯林頓已經出任州檢察長了，他在電話裡說：『你別慌，我會幫你照顧家裡的事，你可以放心。』」

這個同學並沒有特別強調柯林頓是個多麼關心別人、重視友誼的人，但是只是談起這麼一段往事，就已經表達出所有他想說的話了。很多聽眾都是這樣：他們也許無法記住你所說的道理，但是他們往往能夠記住你所講的一件真實感人的事情。

2 示範的效果。

示範就是一種表演，也屬於實例說服法，是最容易引起聽眾注意的方式。有位演講家說起抽菸的害處，除了講幾個因為抽菸而生病的故事，引用一些統計數字之外，他還會拿出一張薄薄的衛生紙，然後對著衛生紙吹一口菸氣，上面會留下淡淡的印痕。

然後，他再告訴大家，也許一口菸看起來沒有什麼影響，但是，如果朝衛生紙吹上幾千口菸氣，沾滿菸油的衛生紙就會變黑。我們的肺就像那張衛生紙，如果長年累月的抽菸，肺不知道會變成什麼可怕的樣子。透過這個動作的示範，可以比你只是用描述的方式，更讓人感受到抽菸的危害。

有位推銷員推銷消防用品時，不急於開口說話，也不急著介紹自己的產品，而是從手提包裡拿出一件防火衣，裝進一個大紙袋，然後用火點燃紙袋，等紙袋燒完後，裡面的衣服仍完好無損。

透過這一神奇的展示，顧客產生了極大的興趣。所謂「眼見為憑」，有時，說再多的道理，對方未必能夠聽進去，如果你能夠採取一些很方便的實驗和示範手段，讓聽眾切實感受到後果，將會幫你的演講內容增添說服力。

3 讓對方親自體驗一下。

這個方法比舉例更加進一步，直接讓對方體驗一下，能夠加深印象。

喬．吉拉德推銷汽車，總會想辦法讓顧客去嘗試。他說：「每一種產品都有自己的味道，我在和顧客接觸時，總是想盡辦法讓顧客先『聞一聞』新車的味道。」他會讓顧客坐到駕駛位子，握住方向盤，自己觸摸操作一番。如果顧客住在附近，他還會建議他把車開回家，讓他在自己的太太、孩子和老闆面前炫耀一番，顧客很快的會因新車的「味道」而陶醉。

那些坐到駕駛位子把車開上一段距離的顧客，最後都會從他的手上買走汽車。即使當時不要，不久後也會來買。因為新車的「味道」已經深深的烙印在他們的腦海中，使他們難以忘懷。

人們都喜歡自己來嘗試、接觸、操作，人們都有好奇心。不論你推銷的是什麼，都要想盡辦法展示你的商品。讓顧客獲得親身體驗，能夠吸引住他們的感官，那樣你就能掌握住他們的感情了。

4 讓數字為你說話？只講有故事的數字

能用小數點後兩位數字說明問題，就盡可能不要用整數；如果能用精確的數字說明問題，就不要用一個模糊的約數來應付。

我們生活在數字的世界裡，每天所見、所聞與所思的一切，幾乎沒有不涉及數字的。因此，我們也許對數字或多或少的產生麻木或厭煩的感覺。但是數據，作為增強說服力的一個關鍵點，我們又不得不重視它。

這是一個全新的數據時代。我們每天不僅會使用各式各樣的數據，我們也在產生各式各樣的數據。數據已經變得越來越重要。要想說服他人，除了語言，數據也是不可忽視的一點。

很多時候，當人們想要說服另外一個人時，總會產生一種疑問：自己明明已經將基本的訊息傳達給對方，且這些訊息都是非常準確的，並沒有誇張的成分，為什麼就是不能獲得對方完全的信任？對方還在擔心什麼？

說服他人別硬拗，數字才是關鍵

一九二二年，來自紐約的一位女國會議員貝拉·伯朱格，發表了一次演講，呼籲女性應該在政治生活中贏得平等的地位。

在演講中，她說：「幾個星期前，我在國會聆聽總統對全國發表的談話。在我的周圍大約有七百人。我聽到總統說：『這裡雲集了美國政府的全體成員和內閣成員。』我環顧周圍，發現在這七百多名政府要員中，只有十二名是女性；在四百三十五名眾議員中只有十一名是女性。內閣人員中沒有女性，最高法院中也沒有女性。」

貝拉·伯朱格的演講贏得了公眾的認可。這就是數據的力量，她所列舉的這些具有鮮明對比性的數據說明了她的觀點。無論對方是否贊成她的觀點，在這些真實的數據面前都不得不承認，這個國家的政治領域確實存在著嚴重的性別歧視問題。

在某種程度上，數據起到了列舉事實的作用。如果要給數據下一個精確的定義，那就是對客觀現象進行計量的結果。因此，數據往往具有不容置疑的力量。所以，想說服他人，數據是必不可少的。當然，數據的精確性同樣不可或缺。

當我們要強調抽菸對身體健康的危害時，如果只是一直強調：「千萬不要抽菸，抽菸容易得肺癌！」這種說法就很難說服別人。但是如果我們換一種說法：「根據調查，抽菸者得肺癌的機率是不抽菸者的十倍。」這樣，抽菸的危害就不言而喻了。

當我們在說服他人購買某種產品時，如果總是用「經久耐用」，或者「衛生安全」這樣的字眼，往往很沒有說服力，假如能夠使用數據來說明，效果就會更好。「我們公司的產品可以連續使用四萬個小時而無品質問題」，或者「我們公司生產的所有兒童食品都經過了十二道嚴格的工序。此外，在品質監督機構檢查以前，我們公司內部已經進行了五次嚴格的衛生檢查」，諸如此類說法就會讓聽者信服。

利用數據，可以增強我們的言語說服力。但是並不是所有的數據都能帶來說服力。只有精確的數據，才能帶來好的說服效果。因此，**如果能用小數點後兩位數字說明問題，那就盡可能不要用整數；如果能用精確的數字說明問題，那就最好不要用一個模糊的約數來應付。**

數字也是助眠良方，慎用！

當然，精確數據的運用也是需要技巧的。如果使用不當，同樣會造成極為不利的後果。在說服他人時運用數字，要留意下面幾個要領：

1 除非必要，否則不要隨便提出數字。

你拋出的數字過多，不但會令對方感到納悶而關閉心扉，而且也會令聽眾覺得你沒人情味；因為你所關心的只是冷漠的數字。

使用數據是為了使你的話更具有說服力，並不是讓你去做數據的堆砌，千萬不要企圖用龐大的數據和事例來征服你的聽眾。數據是點綴、是關鍵，但不是越多越好。

2 為枯燥的數字注入生命。

也就是說，要讓數字所代表的事實，能成為一般人生活經驗中的一部分。只有這樣，人們對數字才會感到親切，也才能產生興趣。舉例來說，下面的第一種數字陳述方式若能改為第二種陳述方式，則其影響力將顯著加大。

第一種：「假如各位接納我的提議，則公司每個月至少能節省六千七百四十五萬三千七百五十元（約新臺幣三億零三百五十四萬一千八百七十五元，本書之後提到的幣別，若無特別說明，皆為人民幣，人民幣與新臺幣換算的匯率約為四．五比一）的開支。」

第二種：「假如各位接納我的提議，則公司每個月至少能節省六千七百四十五萬三千七百五十元的開支。從另一個角度來說，倘若這項節省下來的開支，以加薪的方式平均分配給公司的每一位員工，則每一個人每一個月的薪水，將增加三千五百元。」

3 用表格，讓數據清晰。

人們常說，寸鐵殺人。有時候說服一個人，憑藉的就是語言的短小和精練。

冗長無趣的語言遠不如抓住要害的一句話效果大。想要盡量少說話，並且把事情變得更加簡單清楚，表格是絕對不可少的。

在總經理的辦公室，銷售部部長正在彙報上半年的經營業績：「先從背景說起，正如總經理所了解的那樣，去年與我們競爭的那家公司，已經在東部地區展開了強而有力的銷售活動。而我們東部地區分公司的業務人員急劇減少，再加上消費需求現在越來越疲軟……。」銷售部部長的彙報囉唆而冗長。

銷售部部長的彙報有問題嗎？一點問題也沒有！他所說的全部都是實情。但這是成功的彙報嗎？答案顯然是否定的。他失敗的原因其實很簡單，那就是他把一些可以用表格清晰說明的數字複雜化了。

我們必須了解：並不是所有的人都能夠從枯燥的數字中看到規律。要想讓人對你所表達的意思一目瞭然，你就必須透過表格把那些數據整理出來，讓人一眼就能從中發現規律。這樣，對方就能快速明白你的意思，從而引發思考的興趣。

5 「這樣做他有什麼好處？」找到答案，他就被你說服

多說「這樣做的好處」，少說「不這樣做的壞處」，不僅可以讓你的談吐更具說服力，也可以促使人做出決定。

說服別人時，一定要注意在你的語言裡「加料」。與其講「趕快將這件事做完」，不如說「如果你能夠儘快把這件事做完，那就會有充足的時間來做下一件事。這樣，現在雖然辛苦一些，但是做下一件事時則會有充分的時間」，對當事人來說，這無疑是一種很大的誘惑。

搭過公車的人都有這樣的經驗，當公車上已經擠滿人時，許多人會站在門口不想往裡面擠，司機扯著嗓子喊：「麻煩各位往裡面擠一擠」，乘客卻照樣無動

於衷。但如果司機大聲喊：「裡面還有空位」，那麼，許多乘客就會往裡面擠。

「倘若遵照我說的去做，絕對省時、省錢、美觀大方，又有銷路……。」這樣的話，將不斷刺激說服對象的欲望，直到他躍躍欲試為止。因此，在說服前，你必須準確的揣摩出對方的心理：他在想什麼？他慣用的行為模式為何？現在他想要做什麼？針對對方的喜好，說明具體的好處，將會讓人對你的話感興趣。

說好處，可以促使人做出決定

每個人在做事之前，難免都會想：「這樣做有什麼好處？」很多時候，說明好處，可以直接促使人們做出決定。

戴爾．卡內基是美國著名的企業家、教育家和演講口才藝術家，被譽為「成人教育之父」。他在紐約舉辦培訓班時，租用一家大飯店的大禮堂。有一天，他忽然接到飯店的通知。對方告訴他，想要繼續租用大禮堂，租金要漲三倍。租金忽然暴漲，讓卡內基覺得很納悶，他向飯店裡的朋友打聽此事：原來，飯店經理為了賺取更多的錢，打算把場地租給別人舉辦舞會。

卡內基隨即前往飯店，他找到了飯店經理，但沒有與其據理力爭，而是平心靜氣的說道：「如果我處在你的位置，或許也會做出同樣的決定。在這個飯店裡，你的職責就是讓飯店得到盡可能多的盈利。我能想像，如果不這樣做的話，你的經理職位可能就難以保住。同時我也知道，你想把大禮堂租給那些辦舞會的，因為他們能一次性付出很高的租金；而租給我，你顯然吃虧了。」

經理沒有說話，但他看卡內基的眼神明顯放鬆了很多。顯然，在他見卡內基之前，已經做好辯解的準備。但他沒有想到，對方不僅沒有責備他，反而處處為他著想。他的防備心此時已經降到最低，而這正是卡內基想要的。

卡內基繼續說道：「但是，你考慮過沒有，如果你增加我的租金，反而會導致收入降低。原因是，你想增加租金，實際上會把我趕跑。講課是我的工作，所以離開這裡之後，我肯定還會找別的地方舉辦培訓班。但是難道這段時間你沒有發現嗎？我這個培訓班吸引了成千上萬有文化、有思想的中高層管理人員，這些人到你的飯店裡來聽課，實際上起到了免費為你的飯店宣傳的作用。這些宣傳所起到的效果，即便你花錢在報紙上做廣告也難以達到。這些免費的廣告，全是我的培訓班帶給你的。沒有了我的培訓班，會出現什麼樣的情形，你一定想得到。仔細算算，你是賺了還是賠了？」

經理被說服了。他最終放棄了增加租金的要求，讓卡內基的培訓班繼續辦下去。

卡內基說服飯店經理，不僅說明了增加租金帶來的壞處，還清楚的分析了不漲租金的好處。卡內基的分析，完全迎合了對方為飯店營利的心理。在這個時候，飯店經理不是單純的改變了主意，而是心悅誠服的改變。

好處讓人心情激越，壞處讓人心情不爽

一個人心裡有了獲得好處的預期，就會更加積極的做事情。相反的，倘若對方心裡想著的是有可能導致的壞結果，那麼必然戰戰兢兢，更加缺乏積極進取的態度。

有所大學找來一百七十名菸民，做了一次實驗。他們將菸民分成兩組，然後讓菸民思考戒菸帶來的後果。他們引導其中一組菸民這樣去思考：「如果我不抽菸了，我衣服上的味道就會好聞多了，我的家人就會更願意跟我待在一起，我也會因此感到非常幸福。」

並引導另一組菸民這樣想：「如果我不戒菸，我可能會得癌症，我的衣服聞起來依然滿是菸味，我的家人跟我待在一起的時間會越來越少，因為他們不願意被二手菸毀了自己的健康。」

研究結果表示，第一組的菸民中能夠堅持連續戒菸六個星期的人數，幾乎是第二組菸民中的三倍。

為什麼會這樣呢？因為好處讓人心情激越，壞處讓人心情不爽。而在心情激越的情況下，做事的時候自然也就變得積極主動起來。

由此可見，人們總是希望有好處，而討厭聽到壞處。因此，我們應該盡量說「這樣做的好處是什麼」，而少說「不這樣做的壞處是什麼」——你應該讓對方有一個好心情，讓人看到美好的未來，而盡量不要採取恐嚇性的語言，讓人害怕。

雖然恐嚇性的語言有一定的說服力，但是會給人的心理帶來明顯的傷害。若你的說服對象因恐懼而服從你，這絕非好事。若你總是習慣於採取「壞處說服法」，散播負能量，過不了多久，你就會發現身邊的朋友越來越少，而你自己的內心也會充滿惶惑不安的負能量。這樣做是得不償失的。

第四章

瞬間打動人心的表達技巧

語言如酒，有兌水散酒（按：把水加到酒裡稀釋），也有百年陳釀，你的酒屬於哪一種？面對同樣的人、同樣的事，不同的語言會帶來不同的效果。適當的語言帶來說服力，而使用不當語言，則會減少說服力。因此，想要使自己更有說服力，平時我們就要多加修練自己的語言表達能力。

本章將告訴你增強說服力的語言表達技巧，其中包括可以增強說服力的修辭方法。學習這些技巧時，一定要注重實踐運用，多加練習。

1 雪花翻譯成椰子肉——說我懂的人話

你的目的是說服對方，而不是賣弄你的專業知識。因此，使用術語不要過度，少量幾個，點到為止就可以了。

如果你打算說服他人，就不要說人家聽不懂的話。試問，對方根本不理解你所說的話，心中充滿疑慮，又怎麼可能接受你說的，並答應你去做某件事情呢？

務求讓對方了解我們的真心實意，這是說服他人要先解決的問題。對不能完全了解我們說服內容的對象，千萬不可意氣用事。當你試著說服別人，但第一次不被接受時，千萬不要意氣用事的說：「說了也是白說。」

你必須想辦法把話說得更通俗一些，或者舉例加以說明。不要小看這樣的小事，你的話有沒有說服力，有時就全指望它了。

有一個傳教士想要把《聖經》翻譯成他傳教的地方的語言。其中有這麼一句：雖然你的罪惡一片鮮紅，但是它最終將白如雪花。

一般情況下是逐字翻譯這句話，但是現在他卻遇到了問題。這些土著根本沒有雪的概念，甚至連「雪」這個字都不認識，他們根本不知道雪和煤炭有什麼差別。

當地有椰子樹，人們都很熟悉。於是，傳教士就把「雪花」和「椰子肉」聯繫了起來。最後，那句話被翻譯成：雖然你的罪惡一片鮮紅，但是它最終將白如椰肉。就這麼一處巧妙的變動，就讓那個地方的土著十分清楚的理解了《聖經》裡這句話所表達的意思。

每個人都愛聽故事

語言有千差萬別，表達方法也各不相同。最好的做法是，用最通俗的語言表達你的觀點，而不是用許多母語，或者想當然的語言去表達你的想法。說通俗易懂的話，讓人領會你的意思，才有利於談話的展開和說服的達成。那麼，怎樣才能使得表達更加通俗易懂呢？

1 不用他不懂的術語。

表面上看，使用術語可以表現你的專業性，似乎可以增加你的說服力，但是，術語太多會讓人覺得厭煩，甚至有時對方會覺得你故意說一些讓人聽不懂的話，以便矇騙他。

記住，你的目的是說服對方，而不是賣弄你的專業知識。因此，使用術語不要過度，少量幾個，點到為止就可以了。當然，即便是少量幾個術語，也有必要向你的說服對象解釋清楚。

一位證券經紀商的演講，聽的人都是一些家庭婦女，她們想了解一些關於銀行和投資的知識。這位演講者一開始就使用了簡單通俗的語言和輕鬆幽默的方式，以使她們放鬆下來。

他把她們所關心的問題都說得清清楚楚，更加重要的是，他把一些專業術語，比如「票據交換所」、「課稅」和「償付」等，都用簡單通俗的話解釋得非常清楚。

結果，這場演講獲得了空前的成功。人們對他非常感激，並且都主動找他諮詢投資方面的事情。

2 事先想好用什麼來比喻。

相信很多人在演講、做簡報時，所說的題材會比較專業，臺下的人不見得完全都懂，那麼該怎樣把事情表達清楚呢？比喻，就是一種很好的方式。

有一位IBM的職員把鉛筆、杯子、橡皮擦和釘書機都放在杯子裡，解釋她所做的工作就是為客戶提供完整而穩定的系統服務，可以把很多資料放在系統中而不會錯亂，就像可以在杯子中擺進各種文具一樣。

你看，這樣一種比喻的說法，是不是簡單易懂多了呢？

哥倫布（Columbus）發現新大陸回到歐洲以後，很多貴族認為他的發現純屬偶然。於是，哥倫布順手拿起了一顆雞蛋，要這些貴族想辦法把這顆雞蛋立在桌子上。這些貴族無論怎麼做也無法讓雞蛋立起來，並且斷言雞蛋是無法平穩的立在桌子上的。

哥倫布笑而不語，拿起雞蛋在桌子上輕輕的敲了一下，雞蛋就穩穩的立住了。貴族們看到哥倫布的做法後，嘲笑道：「這樣也算嗎？那有什麼難的，誰不會呢？我們每個人都可以做到。」

哥倫布笑道：「你們現在能做到確實不假，但是問題是在我這樣做之前，誰也沒有想出這樣做的辦法，是不是？」

眾人啞口無言。

哥倫布利用雞蛋做巧妙的比喻，最終輕易的將對方說服了。

有一次，實驗物理學家法拉第（Michael Faraday）在大庭廣眾之下做電磁學的實驗表演。實驗剛結束，忽然有人站起來高聲問法拉第：「這有什麼用呢？」法拉第不假思索的回答道：「請問，新生的嬰兒有什麼用呢？」

包括提問者在內，每個人都是從嬰兒長大的。對「嬰兒有什麼用」，這一反問是無法回答的。將處於實驗階段的地磁學理論，跟新生嬰兒做比喻，啟人遐思，發人深省——使提問者自覺的去批判對科學實驗的懷疑態度，同時也在自省中反思科學發展的未來。

採用比喻的方式來進行說服，一般選取的都是一些生活中現實的、比較符合邏輯，甚至能讓對方感同身受的例子。這樣才能使對方不會感到很有壓力，最終比較容易接受你的觀點。

3 講一個動人的故事——平常多讀、多看。

想要對方聽懂你的話，其實很簡單，與其長篇大論，讓人不明所以，甚至昏昏欲睡，還不如講一個動人的故事。有個溝通專家說：「如果你的聽眾不明白你在說什麼，或者對你所說的根本不感興趣，那麼不如講一個有趣的故事。據我所知，沒有人不愛聽故事的。」

有個演講家特別喜歡透過講故事來說明道理。有一次，他談「人該如何好好過一生」，為了讓聽眾明白自己的意思，他講了一個小故事：

有一個小孩去參觀水族館，來到了鯊魚區。在這裡，有三種不同尺寸的魚缸：小魚缸裡養的是小鯊魚；中型魚缸養的是中型的鯊魚；最大的魚缸裡，養的是大型的鯊魚，大小跟人差不多。

這孩子沒看過那麼多鯊魚，有點著迷了。這時候，水族館的館長走了過來，男孩就問他：「請問伯伯，這條小鯊魚長大了，你是不是就把它移到中間的魚缸，等它再長大了一點，再移到大魚缸呢？」

水族館的館長聽他這麼一問，微笑著說：「你知道嗎？小魚缸裡的鯊魚、中型魚缸裡的鯊魚，都只能長到像現在這樣大小。至於在大魚缸裡面的鯊魚，就像是活在大海裡一樣，可以長到它應該有的長度。」

說完這個故事，演講家對現場聽眾說：「鯊魚能夠長多大，是由水族館館長把它們放在哪一個魚缸決定的。可是，各位朋友，我們自己要長到多大，是由誰來決定呢？」

用講故事的方式來說服，不僅可以讓聽眾更容易理解你的意思，同時，對聽眾的吸引力也更加強烈，另外，還可以引發人們思考，給人留下深刻的印象。

總而言之，千萬不要製造語言上的障礙，讓人不明所以，心生疑慮。話要說得通俗清楚，理解的人多，影響力也更大，說服力自然也就更強了。

2 「沒你不行」——強調對方的重要性

多說「沒你不行」、「非你不可」之類的話，放大對方對我們的重要性。

眾所周知，人都愛聽好話。因此，與消極的言語相比，正面積極的語言在說服力方面會更強一些。

體育頻道主持人問一位舉重亞軍：「本項目是國家隊的奪金熱門，你成為首位丟金的選手，請問你有何感想？」

另一位體育頻道主持人問射擊選手：「你奮鬥了二十多年，參加了四屆奧運會，卻只獲得了一枚銅牌，你覺得你有愧於國家嗎？」、「你有沒有信心得亞軍？因為冠軍已經是別人的了。」

說這些話的人，也許是對採訪對象、採訪行業不熟悉，也許是覺得自己準備的問題很精彩，生拉硬拽非要往既定問題上靠，結果出現了讓人掃興的場面。

同一件事，你絕對能「講好聽點」

說了別人不愛聽的話，對方討厭你了，你又怎麼能夠說服對方，讓對方接受你呢？因此，如果你想要增強自己言語的說服力，那麼平時就要多說一些正面的話，少說一些讓人聽了覺得掃興的話。

馬克是一名剛入行的推銷員。最近他很苦惱，因為總找不到客戶。他把自己的煩惱講給朋友聽，並感慨道：「也許我真的不適合做業務！」朋友說：「不一定吧！能把你見某位客戶時的經過說給我聽嗎？也許我能發現些什麼。」

馬克一聽更沮喪：「哪裡有什麼經過啊！就像昨天去見邁克．鍾斯先生，我對他說：『鍾斯先生，對不起，週末還來打擾你真是不好意思，你現在有空嗎？』我只說了這麼一句話，就被他給堵住了，他說：『不好意思，我很忙，馬上要離開了，下次吧！』

朋友低頭沉思，然後說：「我明白了，其實從一開始你就讓自己陷入被動了。你的第一句話根本沒有贏得對方的認同感，並且給了對方拒絕你的理由。你可以換種說法，比如：『鍾斯先生，週末見到你真高興！請給我三分鐘的時間可以嗎？』你這樣試試看，也許結果會不一樣。」

馬克依言而行，果然順利了很多。

馬克最初為什麼會遭遇失敗？就是因為他所說的話讓人掃興。如果有個人像馬克這樣對我們說話，我們就會想：「既然明知道是打擾，為什麼還要來？」至於像「你現在有空嗎？」之類的問法，同樣會讓人產生排斥感。對於這樣的問句，我們通常會順口拒絕：「哦，對不起，我沒有空，我很忙。」這樣一來，交流也就無法再進行下去了。

馬克的朋友指點的技巧，就是說好聽的話。見面開場的第一句話，就表達高興的情緒——「**週末見到你真高興！**」這句話，無形中就拉近了與客戶之間的距離。是啊，誰不願意別人見到自己高興呢？再說「**請給我三分鐘時間好嗎**」，就算別人很忙，也不忍心拒絕他人三分鐘的請求，因為馬克看起來是那麼的善解人意。

這就是正面言語的好處，它能夠讓人變得更加熱情、更加積極。你若能夠靈活運用正面的言語，激發說服對象心中的熱情，讓對方積極回應你，對你的說服是有莫大好處的。

多說「正因為如此」、「沒你不行」

因此，若你想要增強自己的說服力，那麼在溝通的過程中，不妨根據情勢，多說一些正面的言語，讓人變得更加積極。下面是幾個正面說話的技巧：

1 不說「但是」，要說「正因為如此」。

比如，「現在是打字機的全盛時代，但是，不能丟棄手寫書信的美好」，這樣一句話，雖然說明了手寫書信的優點，卻不能給人留下深刻印象。換一種說法，效果全然不同：「現在是打字機的全盛時代，正因為如此，手寫書信才越顯得珍貴和美好。」這樣一來，手寫書信得到了正面的、積極的肯定，讓讀者也產生了一種今後改用手寫書信的衝動。也就是說，把「但是」換成「正因為如此」，就大大提高了語言的說服力。

有位業務員擔心無法完成任務，他向主管解釋道：「我也想實現這一目標，但是時間太短了。」主管說：「正因為如此，才將這個任務交給你，你在我們團隊裡的業務能力最強，好鋼就要用在刀刃上嘛。」於是，業務員接受了任務。

有一位雜誌社的編輯，他對說服作者很有一套。不論那些作者如何繁忙，他總有辦法使得他們答應為自己的雜誌社寫稿。他的口才在編輯部並不屬於一流，但奇怪的是，那些作家很少會拒絕他的請求。

他究竟是如何做到的呢？據他自己描述，他使用的其實是一種特別簡單的方法：每當他向作者催稿時，他就會說：「當然，我知道你很忙，正因為你很忙，我才無論如何要請你幫個忙；那些過於空閒的作者寫出來的作品，總是沒有你的好。」

使用這種說法，很少有不成功的。那位編輯的辦法就是使用「正因為如此」扭轉局面。先認同對方的觀點，讓對方感覺到你是理解他的，然後再給他戴一頂「高帽子」，這樣他就無法輕易拒絕了。

2 喪失信心的言語，少用。

在工作或學習不順暢時，很多人都會說「畢竟比不上他」、「終究還是不行」、「總之能力還是有限」之類的話，而這些都是把一種放棄的心境變為正當化的典型表現。這類話一旦說出口，本來能夠做好的事，也不一定能做好了。

當人們的心中認可了「**畢竟**」、「**終究**」、「**到底**」、「**沒辦法**」、「**無可奈何**」**這些字眼時**，**就表示已經放棄**努力、停止思考。接受這些言語的人，往往會把負面效果視為理所當然，並且還會產生惰性，從此不求進取。因此，在說服時，最好少用或不用這樣的言語。

3 「沒你不行」——強調對方的重要性。

在談戀愛時，我們會說：「沒有你，我活著還有什麼意思？」對於處於熱戀狀態的人來說，這是真實的感受，但在旁人理性的看法中，這當然是一種誇張的說法。事實上，誰離開誰，地球都照轉，但是當我們這樣對別人說時，卻很容易打動對方。因為對方從我們這句話中，感受到了自己的重要性。

有一頭牛和一匹馬共同生活在後院裡，牛羨慕馬，覺得馬的工作才是自己想要的。這天，牛又被主人從後院裡牽出來去耕地。牠很不情願，在幹活時總是走走停停，一點也不用心。主人很生氣，開始破口大罵，並用鞭子打牛。沒想到牛一挨打，反而更不走了。怎麼辦呢？主人左思右想，想了一個好主意。

第二天早上，主人對牛說：「有一件事情，我想讓你去做，不知你肯不肯，也不知你能不能做到？這可是連馬都做不到的呀！」牛一聽，萎靡之態一掃而光，很高興的問：「什麼事情？」

主人說：「我想讓你和我一起去一個很遠的地方送些東西，但路上會有一些可怕的鬼怪，不知道你害不害怕？我問過馬了，牠因為害怕那些鬼怪，不願意跟我一起去！」

牛不但不害怕，反而更加高興了，大聲的說：「當然了！主人，你終於明白我的能力了，我的理想就是幹馬也幹不了的活啊！」

主人說：「好，不過為了讓你不害怕，我要把你的眼睛蒙上，這樣你就可以載著東西一直快走了！」於是，牛心甘情願讓主人蒙上眼睛去耕地了。

晚上回來後，馬見牛身上的泥巴，問道：「牛兄，你到哪裡去了？」牛得意揚揚的說：「想不到吧，今天主人交給我一項重要任務，連你都做不到啊，現在我幫主人做完了！在路上，主人不停的誇我，說我是最勇敢的動物！真讓人開心，咱們家主人真好啊！」

翌日，牛又帶著快樂的心情被主人牽去耕地，在經過其他動物時，牠都無比自豪。

「沒你不行」、「非你不可」之類的話，能突顯對方的重要性，加強對方的自尊感。放大說服對象對我們的重要性，使對方更加積極的認同我們。因此，如果你想要說服某個人，獲得對方的幫助時，那麼不妨適度誇張一下，告訴對方：「沒你不行！」

3 不是口才好，那叫做有感情

人的言行是由感情決定的，情感的號召力往往比理性的號召力更為強大。

古有云：「感人心者，莫先乎情。」真正的說服，不僅是言語的勝利，還是情感的勝利——只有在情感上征服人，才算真正的說服。

巴黎一條繁華的街道上，站著一位衣衫襤褸、雙眼失明的老人。他是一位可憐的乞丐，在他的身邊立著一塊木牌，上面寫著：「我什麼都看不見。」很顯然，他想用這句話說服過往行人，使他們慷慨解囊，救助自己。可是他的希望落空了。過往行人雖多，但人們顯然覺得錢更重要一些。大多數的人經過老人身邊時，只是匆匆瞥一眼，便無動於衷的走開了。

這天，法國著名詩人讓．彼浩勒（Jean Pehle）經過這裡，他十分同情老人，便詳細的詢問了老人的收入情況。

老人愁苦的嘆息道：「我昨天在這裡等了一天，一毛錢也沒有得到，所以只能餓著肚子。今天上午還是這樣，如果下午再沒有收入，我就只能去別的地方乞討了。」

讓．彼浩勒想了想，決定幫助老人。他拿起筆，在老人身邊的木牌上加了幾個字。

晚上，詩人又經過這裡，當他再次問及老人的收入時，老人笑著對他說：「先生，不知道是什麼原因，下午給錢的人多極了。」詩人看著老人身邊木牌上的字，不由自主的笑了，那上面寫著：「春天到了，我卻什麼都看不見。」

就加了那麼幾個字，使原本平淡無奇的一句話充滿了濃厚的感情色彩。正是這句飽含了感情的話，勾起了路人的同情心，使得他們紛紛解囊。這就是具有吸引力的言語。

如果你的語言，缺乏感情色彩，甚至給人一種虛情假意的感覺，那麼就很難打動別人。相反的，如果你能夠運用一定的技巧，提升語言的情感色彩，表達也就更具感染力。

借助情感的力量說服他人

人是情感動物。想要真正說服別人，我們一定要注意自己的語言所傳達的資訊，並讓情感融入其中。人的言行是由情感決定的，情感的號召力往往比理性的號召力更為強大。利用人們內心的柔軟，借助情感的力量說服他人，無疑是一種非常聰明的方式，也是通用的方式。

有一個小男孩想要媽媽幫他買一件牛仔褲，這是一個很簡單的要求。但是男孩怕媽媽不同意，因為他已經有一件了。怎麼辦呢？聰明的小男孩想到一個好主意。他沒有像其他孩子那樣苦苦哀求或者耍賴，而是一本正經的說：「媽媽，妳有沒有見過一個孩子，他只有一條牛仔褲？」

這句天真的話打動了他的媽媽，而小男孩也就得到了自己夢寐以求的牛仔褲。後來，媽媽談起這件事，說到了當時的感受：「兒子的話讓我覺得，如果不答應他，簡直有點兒對不起他。我想，哪怕在自己身上少花一點錢，也不能太委屈孩子。」

這個小孩子，如同一個經驗豐富的說服高手，他竟然懂得使用如此高明的說服技巧。或許他根本就不知道何為說服之道，他只是想要表達自己的可憐，結果碰巧抓住了說服的關鍵點——情感表達。

有一個駝背的小夥子，固執的愛上了一個商人的女兒。這看起來是一件很可悲的事情，小夥子不僅家貧，而且相貌不佳，卻愛上了商人的漂亮女兒，肯定會是不好的結局。但事實是，這個小夥子說服了商人的女兒，並與之喜結連理。

他是怎麼做到的呢？千萬不要以為這個商人的女兒不愛漂亮的小夥子，她和所有青春期的少女一樣，一直幻想著能找到一位迷人的白馬王子，甚至在她的觀念裡，也只有相貌英俊、家產豐厚的小夥子才能與自己相配。因此，在一開始時，她始終沒有正眼看過這個駝背小夥子，甚至還嘲笑過他，認為對方是癩蛤蟆想吃天鵝肉。

小夥子一點也不氣餒。有一天，他找了這個女孩子，鼓足勇氣問：「我想知道，妳相信緣分嗎？」青春期的女孩子哪有不相信緣分的，於是女孩子答道：「我當然相信！你相信嗎？」

小夥子看著女孩子，認真的回答：「我當然也相信！而且我已經知道我未來的新娘是誰了。我聽老人們說過，每個男孩子在出生之前，上帝都會告訴他將來要娶的是誰。所以在我出生時，上帝已經給我許配好了未來的新娘。可是上帝還告訴了我一件事，說我的新娘將會是個駝背。於是我向上帝懇求，希望他能把我的新娘的駝背賜給我，讓我的新娘可以漂漂亮亮。上帝同意了我的要求，所以我變成了如今的樣子。」

女孩子看著小夥子真誠的眼睛，忽然間覺得他的駝背其實一點兒也不難看。一年之後，她成了他的妻子。

這是一個美麗的愛情故事，現實生活中的女孩可沒有那麼容易被打動。但是故事裡的駝背小夥子確實很有才，其說服姑娘的方法，值得我們研究。他的方法其實很簡單，就是動之以情。

那位姑娘認為，自己的白馬王子肯定是一個相貌與家世都能與她匹配的人。如果順著她的想法，那麼駝背小夥子就只能從相貌、家世上說服她，可是這些恰恰是小夥子所沒有的。就算他口才再好，說得天花亂墜，也無法使自己的駝背變直溜，把貧窮變富貴。

因此，他只能從這個說服思維裡跳出來，從緣分說起，表達真摯的感情，抓住姑娘的心。姑娘從來沒有想過，這個世界上還有人會為自己做那樣的犧牲。雖然那只是一種假設，但就是這樣一個並非事實的故事，讓姑娘心動了；因為她從這故事的字裡行間，感受到了小夥子深切的愛意。於是，這位小夥子成功了。

用情感跨越語言隔閡

人與人之間總有一段距離，情感是連接彼此的橋梁，只有透過情感這座橋梁，才能到達對方的內心深處。當情感充溢時去表達，即便是無法言語的人，也能夠與人流暢溝通。

有個少女尼諾住在深山的湖邊，過著與世隔絕的生活。一位精神科醫生很偶然的發現了她，然而，這個少女使用的語言是這位精神科醫生從未聽到過的。原來，她的母親曾經在街上遭到強暴。由於過度驚嚇、精神錯亂，她的母親逃到深山處的一座房子裡，生下了雙胞胎。

後來，母親和雙生子中的另一個孩子都去世了，只剩下尼諾一個人活了下來。她的母親患有語言障礙症，而且她們又過著與世隔絕的生活，所以母親使用的那種奇特的語言，就成為母女三人交流的工具。

因此，精神科醫生完全聽不懂尼諾的語言。但是，尼諾拚命的對醫生說話，而醫生也努力的去理解她的「尼諾語」。不久後，他們之間就能夠溝通。

這個故事是真的，它告訴我們，即使是支離破碎的語言，只要你有堅定的信念，就一定可以與人交流。

在現實社會當中也有很多類似的例子。如果說到精明幹練的銷售員，我們馬上就會想到那些口若懸河、拚命向顧客遊說的人。還有許多優秀的銷售員，他們的共同點不是雄辯，而是沉默。他們在對顧客講話時都是言語遲鈍的。

他們要傳達的不是自己的口才如何的好，而是真誠和熱情，語言倒是其次。這也就難怪他們都拙嘴笨舌的，讓人看了都著急。他們並不是故意裝作不善言辭的樣子，而是因為**真誠和熱情占了上風**。

言語的感情色彩越強烈，語言有時會顯得越笨拙。然而，正是這樣一種情狀，使得對方體會到你的真誠，自然會放下警戒心理。

古語說：「巧言令色，鮮矣仁。」如果只是善於言辭，而沒有一顆真誠的心，是不會讓對方感受到自己的熱情的。巧言善辯、甜言蜜語只會令對方提高防範意識。所以，想說服對方按照自己的意願行動的話，口若懸河最要不得。

4 改變思維，把壞事說成好事

一句恰到好處的話可以解決一個天大的難題，改變一個人的命運；一句不得體的話，可以錯失一個天大的機遇，毀掉一個人的一生。

國畫名家俞仲林先生畫的牡丹聞名遐邇，有個人慕名買了他親手繪的一幅牡丹圖。誰知這個人的朋友來訪看到後，竟大呼不吉利：「你看，這牡丹根本沒有畫完整，缺了一角。你不知道牡丹代表富貴嗎？缺角豈不是富貴不全？」

這個人大吃一驚，連忙把畫拿了回去，想請俞先生重畫一幅。俞先生聽他說完事情的經過，告訴這個人：「這幅畫的寓意不是這樣解的。牡丹代表富貴，沒有這麼一邊，就是富貴無邊，怎麼會富貴不全呢？」這個人一聽，恍然大悟，十分高興的把畫帶回了家裡。

俞仲林先生的話為什麼有說服力？因為他知道，別人求畫多數時候是想討個好彩頭，若沒有準備好的說辭，對方恐怕不會買帳的。你看看，這麼一個「富貴無邊」，立刻就讓人歡天喜地。

我們在說服人時，要學會說一些討喜的話，討個好彩頭。若你說話不注意，總是說一些讓人覺得晦氣的話，那就很容易使你的說服工作變得艱難。

說好話，把壞事變成好事

很多人覺得自己說話沒什麼水準，其實每個人的表達能力都可以很強的，只要轉變一下思路就可以了。**任何言語都可以有兩種以上的表達方式——一種是聽上去讓人感覺美好的，一種是聽上去讓人覺得不爽的**。就看你怎麼說。

有個村莊的理髮師，年紀大了，準備找個接班人，繼續為村民服務，於是收了一個徒弟。這個徒弟很認真，學習了三個月，便接了師傅的班，信心十足的上工了。

第一位顧客來了，他規規矩矩的接待了，然後認真的理完了頭髮。他感覺自己理得還不錯，但是沒有想到，顧客照了照鏡子，卻說：「頭髮還是太長了。」這句話讓小徒弟有些不知所措。

這個時候，旁邊的老師傅笑著說道：「頭髮長，讓你看上去更加含蓄，這叫藏而不露，很符合你的身分。」那位顧客的臉色本來不太好，聽了老師傅的話後，頓時笑了起來，高高興興的走了。

小徒弟給第二位顧客理完頭髮後，心裡就開始有點忐忑。果然，這位顧客照了照鏡子說：「剪得太短了。」小徒弟想辯解幾句，但又怕引發爭執。

這時，旁邊的師傅又說話了：「頭髮短，才能顯得出你的精神，這個形象看起來更樸實、厚道，讓人感到親切。」顧客轉嗔為喜，點頭走了。

收拾起沮喪的心情，小徒弟接待了第三位理髮的客人。這次，顧客倒沒有挑剔，只是最後笑著對他說：「花的時間挺長的。」小徒弟一下子就聽出顧客的不滿意，心裡很委屈：「還不是為了給你剪得好一點。」但是這樣的話，他說不出來。

旁邊的師傅再次開口解圍：「為大人物理髮，自然要多花點時間。」顧客聽罷，大笑而去。

吸取了上一次的教訓後，小徒弟為第四位顧客理髮的速度就加快了。然而，讓他沒有想到的是，這位顧客一邊付款一邊說：「動作挺俐落，十分鐘不到，就解決問題了。」言下之意似乎懷疑小徒弟不夠認真。

徒弟無語了。

師傅笑道：「時間就是金錢，如今這個時代，講求的就是『速戰速決』，我們理髮店也要與時俱進，幫助客人贏得時間。」顧客聽了，點頭贊同、歡笑告辭。

晚上下班，小徒弟不解的問：「師博，是不是我手藝還沒有學到家呀？為什麼每次都讓顧客不滿意？要不是你在旁邊為我說話，我今天說不定就會和顧客吵起來了。」

師傅笑道：「做我們這一行，顧客最大。遇到挑剔的顧客，也很正常。所以，我們要學會隨時解決這些問題，而解決這些問題的關鍵，就是要會說話，會說顧客喜歡聽的話。每個人都愛聽好話，你把話說好了，顧客提出的所有問題，也就迎刃而解了。你的理髮技術是合格的，現在你要學習的是說話的技術，你明白嗎？」

小徒弟仔細想了想，立刻明白了其中的道理。從此，他更加刻苦學習了，說話的技術和理髮的技藝也越來越精湛。

面對顧客的挑剔，小徒弟總是無言以對，因為在他看來，自己確實沒有滿足顧客的要求。但是老師傅出馬，說幾句話而已，便輕描淡寫的抹去顧客的不快，讓顧客開懷離開。這就是不會說話和會說話的區別。

其實，這種說話方法，和前面俞仲林先生的說服方法是一樣的，妙處就在於改變思維——**把壞事變成好事**。

我們做事，不僅僅要會做，更要會說。回想一下日常工作和生活中的瑣事，我們不難發現，由於說話水準不同，我們所獲得的效果和回報也大不相同。話說得好，讓聽者高興，那麼辦事就更有效率，問題就更容易解決，回報就更高；相反，就可能造成麻煩。

我們一直強調，要去解決問題，有的人就覺得，解決問題非得實幹不可，其實這樣的觀點是片面的。生活中許多問題，其實都可以透過說話來解決。所以，有人說：**一句恰到好處的話可以解決一個天大的難題，改變一個人的命運；一句不得體的話，可以錯失一個天大的機遇，毀掉一個人的一生。**這話不是誇張，而是實在的。

尤其是在職場上，你每天都要和同事、主管、客戶說話，在家裡，你每天都要和妻子、孩子進行交流。會說話，你就能夠和同事友好相處，與主管搞好關係，同客戶達成協議；會說話，你就可以消除與配偶的誤會，增進彼此的感情，和孩子拉近距離。學會說話，說讓人開心的話，將為你打開人生的另一扇門。

5 讓對方相信，這方法是他自己想出來的

人們都不喜歡被別人告訴他怎樣去做他們的工作，他們喜歡按照自己的方法做事。

對方之所以會反對你的提議，通常是因為他有自己的想法，若他的想法尚有可取之處，那麼此時最好的辦法，就是先接受他的想法，站在對方的立場想問題，最好能說出對方想講的話。

為什麼要這樣做呢？因為當一個人的想法遭到別人否決時，極有可能為了維持尊嚴或嚥不下這口氣，反而變得更倔強的堅持己見，排拒反對者的新建議。若是說服別人淪落到這地步，成功的希望就不大了。

下面看一個例子：

某家用電器公司的推銷員挨家挨戶推銷洗衣機，當他到一戶人家時，看見這戶人家的太太正在用洗衣機洗衣服，連忙說：「哎呀！這臺洗衣機太舊了！用舊洗衣機是很浪費時間的，太太，該換新的啦……。」

結果還沒等這位推銷員把話說完，這位太太馬上產生反感，不高興的反駁道：「你在說什麼啊，這臺洗衣機很耐用的，到現在都沒有故障，新的也不見得好到哪裡去，我才不換新的呢！」

過了幾天，又來了一名推銷員。他說：「這是臺令人懷念的舊洗衣機，因為很耐用，所以對太太有很大的幫助。」

這位推銷員的話，使得這位太太非常高興。於是她回應道：「是啊，我家這部洗衣機確實已經用了很久，是舊了點，我有點想換臺新的洗衣機。」於是推銷員拿出預先準備好的宣傳小冊子，提供給她作為參考。

毫無疑問，第二位推銷員的說服是成功的，只因為他首先表達了對這位太太的認同。如果你想要對方接受你的觀點，那麼一開始時，你要先接受他的觀點。

讓對方相信那是他自己想出來的

想讓一個人接受一種新思想，偏偏這個人是那種非常固執的人，很難接受別人的建議。這個時候，怎樣才能使這種人改變原有的思想觀念，接受你的新思想呢？有一個很簡單的方法，那就是讓這個人認為這一切都是他自己想出來的。

有個生產部門的經理，對生產監督員說：「如果我們把三號切割機搬到那邊去，然後再加兩個自動捲繞機的話，我們的生產速度還能提高。我想聽聽你是怎麼想的。」

隔天這位生產監督員對部門經理說：「參考了其他組員的看法，我有了一個更好的主意。如果我們把三號切割機搬到這裡，然後再加兩個自動捲繞機，我們在組裝線上就能少走不少冤枉路，生產效率能提高五％至一〇％。我們不妨試試看。」

生產部門經理的方法，要比直接告訴一個雇員去做什麼好得多。人們都不喜歡被別人告訴他怎樣去做他們的工作，他們喜歡按照自己的方法做事。因此，運用這種建議的方法進行說服，效果通常都非常不錯。

還有一種方法，就是向對方請教，或請求幫助，然後讓對方說出你想要說的話。

威爾森先生的工作室專門為紡織品製造商提供圖樣。威爾森先生曾多次拜訪一位紡織品製造商。這位紡織商雖然沒有拒絕見他，但也從來沒有買過他的圖樣。紡織商總是仔細的看他的圖樣，然後說：「不行。威爾森，我們不能要你的東西。」

經歷十幾次失敗後，威爾森決定換個方法嘗試。他拿了六張還沒有完成的圖樣，跑到那位紡織商的辦公室：「我想請你幫我一個忙。這裡有一些還沒有完成的圖樣，我想請你告訴我，我們應該怎樣完成它們，才能使你滿意？」

紡織商默默的看了圖樣一會兒，然後說：「好吧，威爾森，如果你不覺得唐突的話，就將圖樣放在我這裡，你過幾天再來找我。」

三天過後，威爾森再去找紡織商，聽到了許多建議，然後取回了圖樣，並按照紡織商的意見把它們畫完。結果呢？這些圖樣全都被買下了。

從那時起，那位紡織商便成為威爾森工作室的主要客戶。威爾森說：「我現在明白，為什麼我以前不能和這位買主做成生意了，因為我一味勸他購買我以為他應該買的。而現在，我賣的是他的想法。現在即使不向他推銷，他也會主動來買。」

如果你想要對方接受你的說服，那就不要從一開始就試圖兜售你的觀點。你要先接受對方的觀點，並把自己的觀點變成對方的觀點，讓他以為都是自己的想法。

一位銷售員帶著一對夫妻看了一輛又一輛汽車，但是這對夫妻總是不滿意，一會兒說這輛有損壞，一會兒說那輛價錢太高——他們總是嫌價錢太高。推銷員感到很無奈。

組長了解了銷售員的煩惱，對他說：「像這樣的顧客，你最好不要告訴他們該如何做，而是要反過來，讓他們告訴你如何做。一定要使他們覺得是他們自己在拿主意。」

幾天之後，有一位顧客希望把他的舊車換成一輛新車時，這位銷售員決定嘗試一下之前的建議——或許這輛舊車能使那對夫妻動心呢。

於是，銷售員打電話給這對夫妻，希望他們給他一點建議——這輛舊車的估價及是否值得購買，就算是幫他一個忙。

銷售員對夫妻中的男主人說：「你是一位很精明的買主。你了解汽車的價值。但是能不能請你看一看，試一試這汽車的性能，並告訴我這車該折多少價？」

男主人滿臉笑容，駕駛這輛舊車上了大道，一直開出去二十里地，再開回來，然後，他建議：「如果你能以一千美元（約新臺幣三萬一千元）買下這輛車，你就占便宜了。」

「如果我以那價格賣掉它，你願不願買它？」銷售員問道。

「一千美元嗎？當然買。」這是他自己的主意，他自己的估價。於是這筆生意立即成交了。

很多時候，當你表現出你的聰明和強勢時，通常不會受到別人的歡迎，相反的，如果你向人請教，或請人幫忙，或者表現出自己的弱勢，則可以讓人接受。

一位記者聽說一家企業快倒閉了，於是找到了該公司的宣傳科科長進行採訪，但是這位科長卻什麼消息也不肯透露。當時場面很尷尬，記者想抽菸，但又不知道菸放在哪兒了，於是他就搜尋襯衫口袋、褲子口袋，最後沒辦法，又去摸外套的口袋。

這位科長看到他的動作，覺得有些可憐，便擔心的問：「你怎麼了？」記者說想抽根菸，科長拿出自己的菸來給他抽，從這時起，他們便開始了交談，記者獲得了很多寶貴的資料。

這位記者能夠得到寶貴的新聞資料，純屬巧合。不過，有時故意做些動作倒也可以讓人更願意接受你的說服。

另外，在對方講話時，適當的隨聲附和，也能讓人更願意接受你。透過點頭、隨聲附和或微笑等方式，表現出你完全接受他所說的話，那麼，對方心裡會產生軟化，認為事情沒有那麼嚴重，不需要你完全接受他，最後他就會聽從你的勸告。

下面是一名男子與一位不輕易聽人勸說的女士搭訕的對話：

「今天家裡有事……而且我的心情也不太好。」

「是嗎？晚上還有事情，確實令人討厭。」

「不，並不是什麼重要的事。」

「是嗎？那麼妳先打個電話把事情解決一下不就行了嗎？」

「是啊，那就打個電話吧。不過，不打電話也沒關係，算了，電話也不打了。」

「如果真的沒關係，那我們就抓緊時間一起談談吧。」

這樣順應對方的語氣進行對話，對方就不會排斥你，而且會輕鬆的與你交談。因為你的隨聲附和，可以消除對方內心深處的防備。

總結來說，想要對方接受我們的建議，最好讓對方心甘情願的聽你說，而不要試圖蠻幹——即便你的話很有道理，若是直接頂撞上去，也容易讓人受傷，而產生反感情緒。

第五章

讓一個人改變心意的心理學

你可以是一名精明的購物專家、你可以是一名熱衷於高端消費的企業主管、你也可以是一名網路購物達人……但你是否是一名科學消費（Science Consume）的消費者呢？在日常消費中，你是否真的如你自己所想的那樣精明呢？

本章將帶你進入心理學的世界，讓你透過生活中的心理現象去感受和領悟更深入的說服技巧。透過本章的學習，你將更加了解自己，了解你的說服對象。同時，你將明白一些有趣的問題：為什麼賣場裡的專家這麼受歡迎？為什麼有些商品價格越高越好賣？為什麼你總會買一些不需要的東西？……。

1 讓他覺得虧欠你（互惠原則）

如果你要說服別人買你的產品，或者讓人買更多，「免費」和「贈品」是很不錯的策略。

俗話說：「拿人手短，吃人嘴軟。」這話的意思很簡單，就是吃了別人的、拿了別人的，就不好意思拒絕對方的要求。為什麼會這樣呢？心理學家指出，這是因為我們的人際交往中存在著一種互惠原則。

一位大學教授隨機挑選出一群素不相識的人，然後寄聖誕卡給他們。雖然他估計有些人可能會回覆，但人們的反應真的讓他很吃驚——那些素昧平生的人寄給他的節日賀卡，像雪花般紛飛而來。大部分給他回寄賀卡的人，根本就沒有想過要打聽一下這位陌生的教授，也自動回寄了一張。

為什麼會這樣呢？因為我們從小就被教育，在得到某些禮物時一定要回禮，一般以同等價值的回禮為宜。當別人送你很貴重的禮物時，你是否會感到窘迫呢？

一般來說，別人送給我們很貴重的禮物時，我們往往會十分窘迫。假如這份禮物最終還是勉為其難的接受了，我們會感覺自己有責任去買些特殊禮物來彌補對方。

互惠原則讓人無法拒絕

在人們骨子裡，深埋著一種固有的行為模式。當某人給予你某種可知的價值時，你要立即帶著給予對方回饋的想法報答。從某種程度上講，互惠原則幾乎支配著我們所有人。

在市場或路邊會碰到一些擺攤叫賣的人們，他們總是鼓勵你停下來嘗一嘗。也許是因為所賣之物顏色不錯、也許是因為你認為他們的東西是自家產的、新鮮的，也或許是因為你可憐他們，無論什麼原因，總有些人會停下來品嘗一下。在品嘗之前你肯定很清楚是「免費的」、「買不買都無所謂」，但是又會有幾個在「免費品嘗」後是空手而去的呢？

互惠原則是現代社會的基本規則之一。根據社會學家研究，人類之所以有別於其他動物，就是因為人類的祖先學會了在公平的償還機制中分享食物和技能。這樣才有了勞動分工和社會發展。

當妻子正在家裡做著家務，丈夫則感到有責任去房子周圍找點事做。當可憐的妻子在擦地板、洗衣服、洗盤子，埋頭幹著家裡需要做的任何一項勞動時，丈夫正看著球賽彷彿並不在意，其實他的心裡會有種愧疚感。

當你的朋友邀請你吃飯後，你就會感到有責任邀請他們到家中做客。雖然做晚飯需要付出大量的準備工作，向公司請假又需要更多的付出，但是去別人家裡做過客而又不回請的話，總會覺得良心不安。

由於人們為你做了某些事，所以你感到有責任或被迫去為他人做些什麼，這樣的例子比比皆是。這並非人類的「天性」，顯然是來自兒童時期形成的制約反射的結果，而且很難被推翻。

在現代社會中，互惠原則已經成為一種非常有效的說服他人的工具。在互惠的基礎上，人們會比較容易答應一個在平常一定會拒絕的請求。

我們會根據自己的喜好選擇交往對象或者購買物品，但是在互惠原則的影響下，個人喜好因素很有可能變得很微弱。從某種角度上說，互惠原則甚至具有超越個人喜好的力量。

下面提幾個利用互惠原則來說服的小技巧：

1 先向對方示好。

一位哲學教授正在舉辦哲學宣講班。在一群年輕的大學生中間，坐著一位中年人，他很認真聽講，還不時的提出一些問題同教授進行討論。在宣講班結束後的一天，這位天天來聽講的中年人去找哲學教授。

教授感到很好奇，問：「你找我有什麼事嗎？」中年人很誠懇的說：「這次的宣講會對我來說太有益了，在這期間我多次看我記下的聽課筆記，發現你有很多話都說得很好，但是我現在仍然有幾個地方有點兒疑問，所以就冒昧的來找你了。」

教授對這樣一個好學的人自然十分熱情，欣然給出了問題的詳細答案。

在回答完中年人的問題以後，教授向中年人說出了自己心裡的疑惑：「抱歉，我能知道你的職業嗎？」中年男子很直接的回答說：「當然，我是人壽保險公司的推銷員。」

哲學教授平時對保險推銷員的印象並不怎麼好，甚至有些反感，但是這位推銷員能夠每天堅持上自己的課，並且能夠提出非常有深度的問題，這使他不由得對這位推銷員有了新的看法。看到哲學教授疑惑的神色，中年推銷員開口說：「那請問教授，我以後遇到哲學問題時，能不能登門拜訪呢？」

教授聽了連忙說：「當然可以，這是我家的位址。」說完，教授遞給了推銷員一張寫著自己住址的字條。

在這以後，推銷員三番兩次的帶著問題和誠意來拜訪哲學教授。後來，當推銷員向教授提議買一份保險時，教授爽快的答應了。當推銷員辦完所有必要的手續走出哲學教授的家門時，他自言自語道：「哲學結束了，下一個就是經濟學。」

這無疑是一個聰明的推銷員，也是一位說服高手。教授不喜歡推銷員，但是這並不是問題。他有需要的東西，哲學課要有人聽，他需要證明自己的價值所在。在這個時候，保險推銷員恰如其分的擔當起了這個角色。某種程度上，教授在心裡認為自己受到了推銷員的恩惠，那麼作為回報的，推銷員的一份保險，也變得理所當然。

2 先向對方提一個要求，失敗後就再提一個較低的要求。

有一位心理專家在街上遇到了一位十一、二歲的男孩。男孩先做了一番自我介紹，然後問這位先生，要不要買幾張星期六晚上年度童子軍雜技表演的票，五塊錢一張。這位心理專家對這種事情向來沒什麼興趣，因此婉言謝絕了。

「哦，既然你不想買雜技表演的票，」男孩說：「那要不要買幾塊我們的大巧克力？一塊只要一元喲。」於是，心理專家同意了，買了兩塊，同時立刻意識到事情有點不對勁，因為：第一，他不喜歡巧克力；第二，他不喜歡隨便花錢；第三，他還買了兩塊巧克力。

這個販售巧克力的男孩，正是運用互惠定律，成功賣給了這位不愛吃巧克力的心理專家兩塊巧克力。那麼在這個推銷過程中，小男孩是怎麼成功的呢？其實就是互惠原則在影響心理專家，當一個人的要求由大變小時，對方就會因為內疚感由拒絕變成了順從，即使對方對兩樣東西都毫無興趣。

3 免費和送贈品的策略。

速食店時常會有活動，比如買一份兒童套餐，就可以免費獲得裡面附贈的玩具。如果沒有這個免費的贈品，你也許只是買杯可樂加一個漢堡，但為了這個免費贈送的玩具，你不得不點一份套餐，喝你並不喜歡的那種口味的飲料，吃你可能從來不吃的薯條之類的。

飲料店新推出某種口味的奶茶時，常會「買一送一」，通常購買的人都不會拒絕這個「贈一」。有些購物網站推出「購物滿五百元商品免運費」之類活動，讓你感覺這個免運費能省下一筆錢，你肯定會購買超過五百元的商品，而如果沒有這項優惠時，你可能只會購買一百元左右的商品。於是，最後你花費的購物費用，遠遠高於省下來的郵寄費用。

賣場是免費贈送的絕佳場合，消費者經常在那得到某種產品的少量試用品。服務人員總是微笑著送上樣品，好多人都覺得光是還回牙籤或杯子就走開太過分了。於是，他們會購買一些產品，哪怕並不是必須的。

像這樣的情況，你一定也遇到過吧。如果你要說服別人買你的產品，或者讓人買更多，免費和贈品是很不錯的說服策略。

2 替他貼上標籤，他便成了你說的那樣的人（標籤效應）

當你讚揚對方是一個好人，對方就會真的變好。當一個人意識到自己是個好人時，他就會變得不好意思拒絕你。

有個心理學家做了這樣一個實驗：他要求一群參加實驗者對慈善事業做出捐獻，然後根據他們是否有捐獻，將部分人分為「慈善的人」和「不慈善的人」，相對應的，還有一些參加實驗者則沒有被下這樣的結論。

過了一段時間後，當再次要求這些人做捐獻時，那些第一次捐了錢並被說成是「慈善的人」，比那些沒有被下過結論的人捐錢要多，而那些第一次被說成是「不慈善的人」，比那些沒有被下過結論的人捐獻得要少。

心理學家把這種心理現象稱之為「標籤效應」。心理學家認為，當一個人被別人下某種結論，就像商品被貼上了某種標籤。當一個人被貼上標籤時，他自己就會做出印象管理，使自己的行為與所貼的標籤內容一致。

那麼，標籤效應和說服力有什麼關係呢？說服專家認為，如果能夠善用標籤效應，可以對人進行深層次的說服，特別是權威性的預測，將引發說服對象較高的期望，甚至可以改變一個人的一生。

曹操是三國時代的強者，但是早年的他只是一個頑劣的少年。後來他遇到了許劭——東漢末年著名人物評論家，據說許劭每月都要對當時風雲人物進行一次品評，人稱為「月旦評」。

曹操很想知道自己以後的情況，於是央求許劭給自己預測一番。可是許劭是大人物、是名士，他不太喜歡出身不好的曹操，因此不肯說。頑劣的曹操找了個空子（按：尚未被占盡的空間或時間）威脅許劭，許劭不得已，就說：「你是治世的能臣，亂世中的奸雄。」曹操聽了很高興。

後來，曹操真的成了不得了的人物。難道說許劭真的會掐指算不成？其實不是的。要是許劭真的這麼神，他就不會四處逃難，最終落得個短命的下場。這個世界上是沒有神算的，但是曹操確實從許劭的這句話中得到了益處，讓曹操對自己擁有了較高的期望，同時也激發了他的鬥志。

事實上，自從曹操得到了許劭的這句評語後，他一下子就變了。不再胡鬧，而是熱心參與政治，將自己的心思都放在了事業追求上。可以說，曹操後來能夠一統中國北部地方，挾天子以令諸侯，成就那麼大的事業，除了和他個人的能力有關之外，和當年許劭給他貼的標籤也是有很大關係的。

因此，在說服別人時，你要注意給人創造積極正面的願景。當對方接受你所滲透的積極資訊，就會按照你描述的內容來重新塑造自我形象，調整自己的角色意識與角色行為，從而產生了神奇的「標籤效應」。

弗洛姆先生是一名建築承包商，他在費城承包建設一座辦公大廈。按照合約規定，這座辦公樓必須在十個月內竣工。他是這方面的老手了，把一切事情安排得井井有條，看來如期交工是沒有問題的。

可是，就在這個時候，他遇到了問題——承包辦公大廈外部裝飾的商人說自己不能如期交貨。這樣一來，整個工程就得停下來。更糟糕的是，不能如期交工，他將會面臨巨額罰款！

怎麼辦？弗洛姆先生十分焦慮，最後他決定去紐約找裝飾承包商面談。他要說服那個人改變主意。弗洛姆走進那個商人的辦公室，沒有直接說明自己來的目的，而是說：「先生，你知道嗎？你的姓名在這座城市中是絕無僅有的！這太神奇了！」

弗洛姆的話，讓這個商人感到很驚訝：「噢？不，我還真不知道。真是這樣嗎？」

弗洛姆說：「今天早上，我下了火車就去查電話簿，想找到你的地址。結果意外的發現，在這座城市裡，只有你一個人叫這個名字。真的是絕無僅有啊！」

那個商人興趣一來，順手取過電話簿查看。果然沒錯，他的名字是獨一無二的！這個發現讓商人開始自豪起來：「我從來沒有注意過這些。我這個姓當然不常見，是一個非常古老的姓氏！我的祖先原籍是荷蘭，搬到紐約已經有兩百多年了！」

接著，商人興致勃勃的講起了自己的家世。弗洛姆耐心的聽著，聽他講完了自己的家世，便又換了個話題，談起他的工廠。

弗洛姆說：「原來這家規模龐大的工廠，還有這麼曲折的經歷，真讓人讚嘆！先生，你真是一個了不起的人！毫不誇張的說，這家工廠是我所見過的銅器工廠中最整潔，也最完善的一家。由此可以看出你經營有方。選擇你做合作夥伴，是我的榮幸。」

那個商人開心極了，說：「是的，我花了一生的精力來經營這家工廠，才讓它有了今天的規模，它就是我的榮耀。你願意參觀嗎？」

於是，那個商人帶著弗洛姆先生一同參觀了工廠。在參觀時，弗洛姆不停的稱讚，並且不時的表示自己當初選擇他做合作夥伴是正確的。在整個參觀的過程中，他們相處得十分融洽。弗洛姆先生所說的話，沒有一個字涉及此次前來的目的。

中午吃飯時，那個商人堅持要請弗洛姆先生吃午餐。餐後，商人笑著對弗洛姆先生說：「坦白告訴你，在你來之前，我已經打算放棄你的單子，因為我有幾筆大生意要做。可是經過剛才的交流，我知道你是個很好的合作夥伴，確實如你所說，我們的合作將會很愉快。現在我向你保證，即便是不做別家的生意，我也會把你訂的貨準時送到的。」

就這樣，弗洛姆先生達成了他的說服目的，同時還享受了一頓豐盛的午餐。

當你讚揚對方是一個好人，對方就會真的變好。當然，我們不能期待一次讚揚就可以達成目的，你要學會在給人貼上「好人」標籤之後，不斷的強化他心中的「好人」概念。當一個人意識到自己是個好人時，他就會變得不好意思拒絕你。這樣在說服時，你遇到的阻礙也就會變少。

利用心理學的「標籤效應」來提高信心

將標籤效應的心理規律，運用於說服，對於管理者而言，尤其具有特別的意義：靈活的運用它，將能激發人的積極性，帶來良好的管理績效。

當一位員工被老闆認為某些方面的能力不行，他也肯定會對自己這方面的能力產生懷疑，進而對自己失去信心，即使他有這方面的能力也不會再表現出來了，員工會認為「老闆已經認為自己的能力不行，自己還表現什麼呀」。

當然，大多數的管理者通常不會直接表現出太多的言語不滿。但是，對一個人的態度並不一定完全透過言語表現出來，當你對一個人的態度很消極時，即使你不說一句話，對這個人的態度也在你的行為中表露無遺，一個眼神、一個動作都會表現出那種不認可，而這些非言語的訊號就足以給員工貼上標籤了。因此，你要注意了。

或許你會說：「員工又不傻，罵他笨他就真的以為自己笨、罵他沒前途他就真的覺得自己沒前途。我這樣罵他，只是『激將法』，是希望他變得好一點而已。」這樣的觀點似乎也有一定的道理，因為就有心理學家在研究中發現，在「標籤效應」中，如果貼的標籤不是正面的、積極的，那麼被貼標籤的人也可能由於覺得不公平，而產生與所貼標籤內容方向相反的行動，也就是說這種「激將法」有時是可行的。

但是，同時我們也應該清楚，如果想使負面的、消極的標籤產生正面的效果，需要兩個條件：第一，被貼標籤者能夠理解所貼標籤是不是客觀、公正的；第二，被貼標籤者的獨立性要比較強。

如果你是一位領導者，是否能夠反思一下自己對部屬的態度呢？那些部屬被你貼上了壞的標籤，他們的行為在你眼中真的像你預期的那樣嗎？為了避免這種錯誤行為或觀念所產生的不良後果，建議在工作中我們要把注意力多放在員工的長處上，而不是把眼光停留在員工身上的缺點。因為每個人都會有缺點，這是一個不可能或很難改變的事實，你要做的就是讓他們在工作中揚長避短。

最後，為了保證你的標籤說服法能收到更好的效果，你要注意幾點：

1 要合情合理。

要積極、合法，對他人或者事情的發展具有正面的作用。

2 具有可行性。

這裡的可行性是指符合行為主體的主客觀條件，即具有實現的可能性。

3 要有挑戰性。

具有挑戰性的，超出於原有水準，但透過努力可能達到的期望，才有吸引力，才有激勵性。可望而不可及的，或隨手可得的期望，都是不可取的。

4 不易被察覺。

對他人心理的暗示和激勵，一定要不露聲色的進行，絕不能表露出明顯的動機，以免引發對方的逆反心理。

5 標籤要持久。

要有信心、決心和耐心，即使一時看不出明顯的效果，也不要垂頭喪氣，多試幾次，效果自然就會出現。

3 大家都這麼做，安啦（跟風心理）

人們總是不敢相信自己的判斷，而是想：「這麼多人都做出這樣的選擇，肯定是有理由的。跟著大家走，準沒錯。」

有個人在大街上看到了一間房子前面，排著長長的隊伍，很驚訝：這麼長的隊伍，難不成是有好東西？不行，我也要去看看。這麼想著，這個人就排到了隊伍的後面。半個小時後，終於輪到了他。他興奮的跑進了那間房子，然後就呆住了：那是一間廁所！

是不是覺得很好笑呢？其實我們每個人都做過類似的事情：看到大賣場裡人潮洶湧，我們也忍不住進去；看到路邊圍著一群人，我們也會跑過去圍觀；要是有人站在大街上，莫名其妙的看著天空，也許你也會疑惑的抬頭看看——那裡有什麼奇怪的東西呢？

某化學老師要展示他發明的某種揮發性液體。他對同學們說：「這是一種有強烈揮發性的液體，現在我要進行實驗，看要用多長時間能從講臺揮發到全教室，凡聞到一點味道的，馬上舉手，我要計算時間。」

說完化學老師打開了密封的瓶塞，讓透明的液體揮發……不一會，前排的同學、中間的同學、後排的同學都先後舉起了手。不到兩分鐘，全體同學舉起了手。

然而此時化學老師卻哈哈大笑起來，大聲的說：「各位同學，我這裡根本就沒有什麼揮發性液體，那只不過是一些蒸餾水罷了！」

明明是無色無味的蒸餾水，為什麼有人會覺得自己聞到了味道？且還不只一個？相信其中一定有人根本什麼也沒有聞到，但是看到別人舉手，也跟著舉手——他們並不是撒謊，而是受化學老師的言語暗示，和其他同學舉手的行為暗示，似乎真的聞到了一種味道，於是舉起了手。

跟著大家走，準沒錯？

為什麼人們會做出跟隨性的行為？心理學家認為，群體成員的行為，通常具有跟從群體的傾向。當他發現自己的行為和意見與群體不一致，或與群體中大多數人有分歧時，會感受到一種壓力，這促使他趨向於與群體一致，這就叫做從眾行為。

股票的投資市場上，從眾效應表現得非常具體。一些投資者在資產價格突然下跌造成虧損時，為了滿足市場的一些要求，或者為了不違反股票市場上的交易規則，這些投資者不得不把自己持有的資產賣出一部分。

這個時候，其他的投資者看見這樣的情形，也會跟著這些人將自己手中持有的一部分股票拋售，儘管自己手中的一些股票仍然在盈利，這就是從眾效應的具體表現。在市場狀況好的情況下，會出現這樣的現象，在不好的情況下也一樣會出現。

人們總是不敢相信自己的判斷，而是想：「這麼多人都做出這樣的選擇，肯定是有理由的。我還是不要亂來，跟著大家走，準沒錯。」可是事實上，跟著大家走，往往就是錯誤的。

一位石油產業的大亨到「天堂」去參加會議，當他來到會場時，發現會議室裡座無虛席，已經沒有他坐的位置了。大亨很著急，於是靈機一動想出了一個辦法。他向那些坐著的大亨大聲喊：「好消息、好消息，『地獄』裡發現石油了。」

在座的大亨們聽到了這樣的話，都急忙站起來，紛紛的向會場的出口跑過去。沒多久時間，這個本來座無虛席的會場就只剩下這個遲來的石油大亨。看著空曠的會場，這個石油大亨想：為什麼我的一句話就讓這些人都跑去地獄了，難道「地獄」真的有石油嗎？他這樣一想，於是也跟著那些大亨去了「地獄」。

一個假消息的始作俑者，看見自己發布的消息對人群造成的巨大影響，竟然自己也信以為真。

高明的說服者已經開始利用從眾心理來影響人們的行為了。廣告商最喜歡告訴我們某種商品最暢銷，因為這樣他們就不必直接勸我們相信他們的商品品質很好。他們只需要說其他很多人都這樣認為，就足以證明他們的商品品質了。

有些人為了銷售自己的商品，甚至會雇幾個演員來扮成普通人，裝作沒有經過事先安排的樣子來購買東西。這就是「托」（按：幫腔者的意思）。不明就裡的人，看到這些「托」的表演，通常會覺得商品不錯，可以買。

有些廣告商，為了表現潮流的真實性，會採用所謂的「即興採訪」的方式。廣告中的情景是安排好的，參加演出的無疑都是演員，對白也是事先寫好的。但是不明就裡的觀眾看到，就會覺得這採訪是真的、是可信的。

大家都這樣，我也要？

這些高明的說服者正在利用人們的從眾心理創造潮流：當別人都不這樣做了，我們不做沒有關係；當我們周圍的人都在做這樣的事，我們要是不跟著做，就是落伍，就是跟不上時代的表現。

不要小看從眾心理下的說服。僅僅是潮流的力量，還不足以讓你折服。如果你願意去感受，就會發現，社會群體觀念的力量才是最強大的。

有個成績非常優異的高中生，性格有些內向，但他非常喜歡哲學，所以不聽家裡人的意見，準備投考一所有名大學的哲學系。家長和老師都勸他，但是他不聽，在社會輿論的壓力下，這個考生最後離家出走了。大多數的人都覺得這個考生是一個忤逆子，對自己不負責在先，對家長不孝在後。

這個高中生所遭遇的壓力，就是社會群體觀念帶來的。在很多人的眼裡，他這樣的好學生應該考上有名的大學，然後再出來找一份像樣的工作，孝敬父母、實現自己的人生目標。這樣的做法才符合大家的標準。

然而，這個學生現在卻要去學習哲學——這門學問主要研究形而上的概念，看上去虛無縹緲，遠不如那些熱門的致富學問來得實際。大家都覺得，經濟學、法學、工商管理、醫學、電腦或者英語之類的專業更好。

很顯然，這名高中生的選擇辜負了大家對他的期望，他的行為也不符合社會規範和大家的認知，於是他就遭到了大家的指責。

我們經常會這樣想，也會這樣說：「大家都這樣做，你為什麼要和別人不一樣？明明有更好的路可以走，為什麼你要去做更困難的事情？你的腦子有病嗎？你也太不上道了吧！逆流而行，一定不會有好下場的！」

事實的發展也確實如此，只有少數逆流而上的人最終獲得大成就，大多數逆流而上的人，結局往往不太好。請不要誤會，以為這些人失敗，是因為能力不行，其實真正的原因是群體觀念的力量實在太強大了。

下面是利用從眾心理來說服的技巧，將讓你改變社會群體觀念的力量為己所用，有效的增強自己的說服力：

1 告訴對方「這是潮流」！讓對方感覺「要是不買的話，就要落伍」！

每個人都需要存在感，若一個人意識到自己將被社會所淘汰，他就會關注時尚和潮流，努力讓自己跟上時代的腳步。有人認為，引領時尚潮流的，一定是年輕人。其實不是。如果你去看電視，或瀏覽網頁，最勁爆的新聞往往是一些略顯老態的明星。過氣的明星往往樂於接受最新鮮的娛樂宣傳方式——因為要是不這麼做的話，他們就真的完了！

2 強調特別的設計符合現在的潮流趨勢。

特色意味著與眾不同，人們內心雖然很希望自己與眾不同，但是在具體行動時，考慮到社會群體觀念帶來的壓力，他們又不太願意接受特色。這個時候，你要告訴對方：這是流行，大家都看好這種特色。

3 找幾個「托」，讓他們為你說好話。

你要賣東西時，就在你的產品旁邊附上名人推薦；如果你想要追求某個女孩，那麼就讓你的朋友或她的朋友幫你說好話。

4 專家都說了，就這個好！（權威影響）

權威人士的建議常常可以抹殺一個人對親眼所見的認識，而固執的去相信一些謊言。

事實雖然是最有說服力的工具，但是在實際生活中，卻未必如此。有的時候，眼見的事實還比不上權威人士的建議有說服力。

當一位演藝明星推薦一款治療頸椎病的藥品時，人們往往會毫無理由的選擇相信，或者是不自覺的去嘗試。但事實上，這位演藝明星對於他所推薦的產品往往一無所知。曾經就發生過這樣的事情。在某位明星代言的保健食品出現問題後，粉絲都在為明星辯解：那位明星使用保健食品後確實有用，其他人使用後會出現問題，是因為體質問題。

權威人士的建議常常可以抹殺一個人對親眼所見的認識，而固執的去相信一些謊言。這就意味著「誰說的」往往會影響人們的判斷。

有位圖書出版商把一本書寄給了總統，誠懇的請求總統給這本書寫點評論的話。日理萬機的總統沒有時間理會他，便敷衍的說：「這本書不錯。」於是，出版商馬上登廣告說：「這是本連總統都說不錯的書！」這本書一下子就流行起來了。

過了一段時間，出版商又拿了一本書請總統評論。總統這次學乖了，他說：「這本書很不好！」

沒想到，出版商又登了廣告，聲稱：「這是一本總統很討厭的書！」大家看到這樣一個廣告，都十分好奇：「這是怎麼樣的一本書？」於是紛紛購買，結果這本書又大賣了。

第三次，出版商又拿書給總統。總統這次始終不發表意見。結果，出版商再登廣告，說：「這是一本讓總統無法評論的書！」新書再次大賣。

這個小故事說明，無論權威人士說了什麼話，如果你善於操作的話，都能夠給你的產品帶來說服力。也就是說，**權威人士說什麼不重要，重要的是，這話是權威人士說的。**

人們總是服從權威

一個人地位高、有威望，那麼他所說的話和所做的事，就容易引起別人重視。所謂「人微言輕，人貴言重」，說的就是這種現象。「貴人」的「貴言」、「貴事」，往往會幫助我們在溝通中占據主導地位。

有的時候，權威人士根本不需要開口說話，也能夠傳達出說服力。

有個賣馬的人，一連賣了三天都無人過問，他就去見相馬專家伯樂，說：「我要賣一匹馬，可是一連三天都無人過問。請你無論如何幫我一下。你只要圍著我的馬看幾圈，走開後回頭再看一看，我奉送你一天的花費。」

伯樂同意了，真的去市場上圍著馬看了幾圈，臨走時又回頭看了看，伯樂剛離開，馬價立刻暴漲了十倍。

只要是權威人士說的話，總是能夠得到大家的關注。因此電視廣告通常都請名人，由於名人在社會上有一定的公信力，代表著一種權威，大家也比較容易相信他們說的話。

在媒體給出的書評中，如果沒有知名人士推薦，絕大多數人都不會太認可這本書。相反的，一本書或許只是出於一個默默無聞的年輕作家之手，但是只要有某些著名人士推薦，這本書的銷量一般不會差到哪裡去。

現在幾乎所有的商品廣告都在用名人做代言人，越大牌的明星，代言的品牌就越流行。我們都認名人的臉去購買商品，卻很少有人會問：這個名人自己用過這個產品嗎？如果每個人都有冷靜獨立思考的能力的話，這些名人的效應就會變小，社會也會整體趨向理性。

在世界航海史上，麥哲倫（Magellan）的名字是不得不提的。而麥哲倫之所以能夠獲得西班牙國王的贊助，也正是因為巧妙的運用了權威的力量。

當時，哥倫布在航海上取得了巨大的成功，這使得許多投機者，甚至有些騙子都想進入王宮尋求國王的資助。而麥哲倫在當時也不得不和這些人混在一起。

為了表明自己與這些人不一樣，麥哲倫採取了一個特別的策略：他在覲見國王時，特意邀請了當時著名的地理學家帕雷伊洛（Pareilo）一同前往。與其他誇其談、尋求幫助的人有所不同，帕雷伊洛將地球儀擺在國王面前，開始歷數麥哲倫進行航海的必要性，以及航海後的種種好處。

在這位權威專家的幫助下，國王決定贊助麥哲倫進行環球航行。事實上，當麥哲倫等人結束航行歸來以後，人們發現了他對於世界地理的錯誤認識，甚至他所計算的經度和緯度也有著諸多的偏差。但是這些已經無關緊要了。最重要的是，他借助權威，成功說服國王資助自己，完成了夢寐以求的事業。

不要陷入權威的迷思

當然，並不是利用權威人士來幫你或你的產品說話，就一定會有效，下面有幾點要特別注意：

1 喧賓奪主。

名人的風采，可能會掩蓋產品本身的光芒。消費者將注意力都放在了名人的身上，導致只記住名人，卻忽略你和你的產品。

有學者研究認為，有人物形象的廣告和沒有人物形象的廣告相比，前者更能引人矚目，但是消費者對產品的認知度卻較後者少。因此，說服時引用名人的話，點到即止便可，不宜太多。

2 個性不符。

各行各業都有名人，但權威、偶像的崇拜，及其影響力往往只發生在特定的領域之中，比如醫生之於患者，學者、作家之於莘莘學子，歌星之於歌迷，球星之於球迷等等。脫離特定的領域，權威效應就會銳減甚至蕩然無存。

如果你要表達「青春」的感覺，最好找十幾歲的小姑娘，而不要三十好幾的明星；如果你想要表現產品的「平民」氣質，最好找一個鄰家女孩，而不要找地產大亨的女兒。

3 道德風險。

名人的道德素質出現問題，其推薦的產品也會受到牽連。如已故美國歌星麥可．傑克森（Michael Jackson）的不光彩事件，也曾讓他所代言的企業焦頭爛額。雖然這樣的尷尬情形不能完全避免，但是在說服過程中，我們最好引用一些沒有爭議的權威人士的話，以免讓人反感。

因此，在運用專家和名人的說服力的同時，一定要注意其所帶來的負面效應，盡量選擇那些更加可靠的人物。

除了名人、專家之類的權威人士能夠增強說服力之外，其他形式的權威力量也能達到同樣的效果。

1 機構認證。

你去找工作時，人事單位常會問：「你拿過什麼證照？」如果你除了學校的畢業證書和學位證明之外，沒有其他的資格認證，在說服力方面可能就會打一些折扣。如果你能在自己的商品名牌上加上諸如「ＦＢＩ，聯邦調查局」（Federal Bureau of Investigation）、「哈佛大學」（Harvard University）、「賓州大學沃頓商學院」（Wharton School of the University of Pennsylvania）、「國際防疫中心」，或者「ISO9001（按：國際標準化組織設立的標準，與品質管理系統有關）」之類的標識，那麼你的商品就會更有說服力。

2 名牌。

在這個商業社會，無論男女，只要你想要出人頭地，你就需要一個吸引人們眼球的品牌。把香蕉變成「阿根廷香蕉」，它的價錢就要比普通香蕉更貴，而且買的人還會覺得它確實更好。某家具聲稱「義大利原產」，身價便能陡漲幾倍甚至幾十倍，人們還樂此不疲的競相購買……。

3 高昂的價格。

價格越貴人們越瘋狂購買，便宜反倒賣不出去。為什麼？因為在大家固有的觀念裡，價格會被當成品質標籤。人們認為，高價代表高品質，產品定價太低，就會被認為品質一般或品質很差。

事實上，如果你說你的商品是外國名牌，價錢卻比國產品牌還便宜，消費者頭腦裡的第一反應往往是懷疑：你賣的不會是假貨吧？外國名牌怎麼可能比國產品牌更便宜呢？

很多人會直接根據價格來判定品牌的好壞，所以很多品牌商為了迎合消費者的心理大打價格牌。有些消費者有不貴不買的心態，因此商品定價很高卻仍能賣得動。商品價格越高，越受青睞，因為消費者的購買目的不僅僅是為了獲得直接的物質滿足和享受，更大程度是為了獲得心理上的滿足。高定價成了證明產品定位高端的不二法門。

當然，並非所有的消費者都喜好「高價」商品。因此，不能太迷信這個說服策略。

5 晚來就沒了（稀缺理論）

當一樣東西非常稀有或開始變得稀有時，它會變得更有價值。

俗話說：「物以稀為貴。」稀罕的人能夠吸引人，稀罕的事物會受到人們的追捧，價格也大不一樣。為什麼一個小小的古玩價值連城？為什麼一幅名家字畫能拍得天價？為什麼在日常生活中鑽石比水貴重萬倍，而在沙漠中水又比鑽石重要萬倍？就是因為它們稀有，或者說具備某種意義上的不可替代性。

有個商人出售三件罕見的玉器。一位收藏家看上了這三件東西，想要買下來。商人報價，每件一萬英鎊（約新臺幣四十萬元），總共三萬英鎊（約新臺幣一百二十萬元）。收藏家希望商人能夠將價格降一點。然而沒有想到的是，商人二話不說，拿起其中一件玉器，扔到地上，摔了個粉碎！

收藏家看著地上的碎片，驚呆了！商人卻施施然（按：形容走路緩慢、從容）的拿起桌子上剩下的兩件玉器，淡定的說：「現在這兩件東西，報價是四萬英鎊（約新臺幣一百六十萬元）！」

結果，收藏家再也不說降價的事了，當場就掏出了四萬英鎊，將兩件玉器買下來。

在這個故事裡面，商人的說服手段，就是製造稀有。本來古玩玉器就是稀有的物件，收藏家從來沒有想過有人會親手毀掉稀世珍品。但商人就這樣做了，結果原本還想討價還價的收藏家，再也不敢講價了——因為他怕商人繼續砸下去！

要是你到古董店裡去，你會發現，那裡的商家總是強調自己的古董是唯一的。因為這個行業，就是要製造稀有，從而造成「物以稀為貴」的處境。當一樣東西非常稀有或開始變得稀有時，它會變得更有價值。

因此，為了讓自己和自己的產品更有價值，也更有說服力，幾乎所有的專家都會想到和運用「製造稀有」的點子。比如著名咖啡連鎖品牌店星巴克，有時候會定期推出一些新口味的咖啡，但是這些咖啡有一個銷售時間的限制，通常在販售一到兩個月後會停止販售。

永遠都在缺貨？「飢餓行銷」越買不到越想要

英國著名滑板品牌西拉斯&瑪麗亞，設在日本東京的商店有一個規定，每次只能進二十人，其他人需要站在門外排隊等待。在前一批消費者離開之後，貨架上的產品會重新更換。這個規定，不僅沒有讓消費者感到煩躁，反而讓他們樂此不疲。

二〇〇五年，國際知名運動品牌耐吉（Nike）推出了限量版飛人喬丹十三代低幫鞋（Air Jordan 13 Low），引起數百位消費者排起了長隊，甚至導致數十位爭搶的耐吉迷在銷售店發生衝突，直到員警趕到才解決了問題。據說，該款耐吉鞋在全球僅有一百五十雙。

製造稀有，最後使得顧客為了掏錢而你爭我搶，這不是上帝瘋了，也不是顧客瘋了，是我們大家都瘋了。

從經濟角度看，稀有創造價值，讓產品產生巨大的溢價。從情感角度看，稀有產品帶來心理的滿足、帶來瘋狂、帶來榮耀、帶來口碑傳播。因此，創造商品的稀有性，要讓人覺得擁有它就是擁有更高的身分和地位。

花旗銀行推出名為「Ultima」的黑色信用卡，被業內人士稱為「卡中之王」。這種黑卡不接受申請，只有銀行主動邀請客戶加入。黑卡的年費高達一萬多元人民幣，但仍然有很多人希望得到它。因為只有極少數的頂級客戶才有資格擁有它。

VISA無限卡，也是類似黑卡的最高端信用卡產品，同樣是有很高的年費標準，同樣不接受申請，持卡人只有經過苛刻的條件審核後才被邀請。而這些能通過審核的持卡人通常來自高收入群體，通常是被業內冠以「金字塔頂端」的一%人群的稱謂。

透過刻意製造稀有，這些信用卡已經不再是單純的信用產品，而是一個身分與社會地位的象徵。當一種稀有的事物，受到人們的追捧，而變成身分與社會地位的象徵，它已經不需要做出任何的說服，自然就能對人產生強大的吸引力。

有些商家會告訴你：「要買的話，你得趕快，就剩下最後幾件了！」這個時候，你就要注意了，這話往往存在很大的水分（按：假話太多）。商家傳遞出商品數量有限的資訊，是為了讓你相信該商品很熱銷，從而提高它們在消費者眼中的價值。

和「數量有限」技巧相對應的是「最後期限」戰術，也就是對消費者獲得商品的機會做出時間上的規定，使得消費者產生緊迫感。

到照相館拍照時，攝影師會為你拍大量的照片，選照片時你會覺得張張都美，捨不得刪除。這個時候，銷售員就會跟你說：「你盡可能多買一些照片吧，因為存放空間有限，沒有購買的相片會在二十四小時內被銷毀。」你想一想，這該多麼可惜啊，所以，最終你往往會購買比原套餐數量更多的照片。

每當我們面臨某種東西短缺的壓力時，一定要問自己：「我想從它身上得到什麼？」如果我們的目的是為了透過擁有稀罕物，以獲得社會、經濟或心理上的優勢，那麼購買這件短缺物品就是對的。

但是，在很多時候，我們並非是為了擁有而擁有。我們想要一樣東西是因為它的使用價值，我們想吃它、喝它、摸它、聽它或以其他方式使用它。在這種情況下我們就應該牢記：短缺的東西不會僅僅因為供應有限，就會使它吃起來、喝起來、感覺起來、聽起來或用起來更好。

在說服時，你也要注意這一點。假如你賣的是某種稀罕物品，你卻始終強調產品的使用價值，那麼顯然搞錯了方向。

第六章

表達高手常用的說服策略

在生活中，人們會不自覺的採取一些說服策略，這些策略有些看起來並不高明，甚至還有些老套，但經過人們長期實踐，證明了它們的效果，因此依然被高手們頻繁採用。這些簡單而經典的方法，我們應該有所了解。

本章將透過一系列的心理學實驗，讓你了解說服策略的內在規律，讓你在運用它們時不再盲目。當然，這些策略並不見得適合所有的場合，在運用它們時，應當有所思考。

1 先引導他說出承諾，接下來你才提要求

當我們經過艱難的抉擇，就會堅信自己做出的選擇是正確的。

社會心理學家做了一個實驗：在印第安那州布盧明頓市（Bloomington）隨機挑選出一些居民，然後打電話給他們，問如果有人要他們花三小時為美國癌症協會募捐，他們會怎麼回答？大部分人都不想在調查者面前顯得缺乏愛心，因此都說非常樂意做志願者。幾天之後，當美國癌症協會真的打電話來招募義工時，效果顯現出來了：自願去募捐的人數增加了七倍。

為什麼會這樣呢？因為在我們的社會文化中，非常看重始終如一的優秀品性。我們從小就被教育，要遵守自己的誓言和承諾，說出來的話就要做到。所以，當我們許下了承諾，往往就會努力去實踐。而在聽到別人許下承諾時，也會

很自然的選擇相信。

我們一旦做出了某個承諾，就會在內心和外在的壓力之下，努力去完成這個承諾。我們會想盡辦法的證明自己當初的選擇是正確的。就像賭徒一樣，在下注前，或許他們還在猶豫不決，但是下注之後，他們就明顯自信和樂觀起來。促成他們發生這種戲劇性變化的，僅僅就是他們做出了一個承諾性的選擇。

丹尼和莎莉一見鍾情，兩個人的感情發展得很快。然而，浪漫的感情終究遭遇到了殘酷的現實。丹尼終日忙碌，平日又喜歡抽菸。丹尼的女朋友莎莉對這段感情深感疲倦：「我希望丹尼能夠戒掉菸癮，抽出些許時間陪陪我，而且……我們應該儘早結婚。」可是丹尼卻一項都做不到。

兩人的感情在一次激烈的衝突中告一段落。莎莉宣告他們的感情破裂，然後搬離了丹尼的家。這時候，一位曾經追求過莎莉的男同事打電話給她，於是他們開始約會，很快訂了婚，並有了結婚計畫，等日子安排好了，並發出請帖後，丹尼卻開始後悔了，打電話給莎莉說希望可以重修舊好。莎莉拒絕了，她告訴丹尼自己馬上就要結婚了，這是丹尼不能給自己的。丹尼苦苦哀求，說她未婚夫答應給她的幸福，自己同樣也能做到。莎莉再次拒絕，認為丹尼傷透了她的心，不想再過以前那樣的生活。

丹尼允諾願意為她放棄工作，甚至願意戒菸。莎莉考慮後認為丹尼也並不是一無是處。結果，丹尼成功的奪回了莎莉。他們重新在一起的前兩個月，丹尼確實做到了。但是兩個月後，他以抽菸有助於緩解壓力為由，宣告了這次戒菸行動的失敗。丹尼依舊每天忙碌在工作中，而他們的結婚計畫也依舊遙遙無期。一眨眼又過了兩年，但莎莉卻更加投入到這份感情中了。因為經歷過這次選擇，莎莉認為，在自己的心目中，丹尼始終占據了第一位。

每個人做選擇時，都會像莎莉一樣，**當經過艱難的抉擇，就會堅信自己做出的選擇是正確的**。就算有人一再欺騙我們，我們仍會相信自己的選擇沒有錯。

事實上，這個策略我們幾乎每天都在使用，只是沒有人把它系統化或公式化罷了。比如媽媽鼓勵小孩考第一名，就帶他去遊樂園；跨國集團董事長承諾業績增長，所有員工都可以拿到大紅包等。這個策略的運用其實無所不在。事實也證明，無論是做出承諾，還是獲得承諾，都是很有效的說服策略。

用「好條件」套牢，無法中途反悔

某個投資顧問公司想要招攬客戶，便召開了「人人可以投資致富」的說明會。主講人一開始絕口不提他們公司有什麼產品，或如何投資等技術問題，而是先提出很多假設性問題。例如，他會問在座的與會者是否想讓自己的收入提高？是否想定期得到一筆錢去度假？是否想多賺一些錢，以建立孩子的教育基金？是否想快速累積財富，讓自己早一點退休？

就這樣，主講人說出了每個人心裡的願望，大家頻頻點頭，但又不太確定能否實現。這時，主講人就開始信誓旦旦的保證大家都可以實現願望。也就是說，開場時「承諾」的那些美事，都可以變成事實，只要參加他們公司規畫的投資計畫，每年就可獲利不菲。然後主講人以一些資料和圖表等做進一步說明，並且有公司過去幾年的績效來佐證。

終場，對於投資致富這件事，每個人心中的疑慮都被主講人轉換成「確實可以成真」的肯定句，讓參加會議的人打心底相信都可以實現，而方法很簡單：只要他們參加這個公司精心設計的投資項目。說明會結束後，臺下的聽眾爭先恐後的報名參加投資項目。

投資顧問的承諾說服策略就是這樣的：開始時，先提出對方所希望實現的美事，做出一定的承諾，以誘使對方做出承諾，然後再利用人們想要保持言行一致的心理壓力，迫使對方就範。下面是一個示範：

說服人員：「你是否相信，以降低成本來提高基本利潤是非常重要的一件事呢？」

說服對象：「當然。」

說服人員：「如果我們的產品能夠幫助你降低成本、提高基本利潤，你是否會購買呢？」

說服對象：「……。」

這個潛在客戶如何會拒絕呢？這時已經很難讓人言行不一致了。因此，最好的銷售員幾乎在所有說服過程中，都會使用這條言行一致的規律。

在家裡，我們同樣可以採用這個說服策略：

妻子：「親愛的，品質好、設計大方的品牌，一般使用壽命都比較長，這樣算來它的綜合性能比那些非品牌產品的要高很多，不是嗎？」

丈夫：「啊？是。」

妻子：「那麼，我就買下這件名牌大衣了，雖然價格貴了一點……。」

丈夫：「呃，那……好吧。」

丈夫只好同意了妻子的要求，因為這個要求被以另類的方式提了出來，而且幾乎讓人無法拒絕。當一個承諾具有主動性、公開性，並且需要付出更多的努力才能做到時，它更容易改變一個人的自我形象和未來行為。比如，策反戰俘只需要對方一點點的動搖，然後讓他隨便寫點什麼，就會成為他「叛變」的開始。

總而言之，承諾的策略很有效。如果你想要增強自己的溝通力，那麼不妨使用這個策略，它主要包括兩個方面：第一，向對方做出承諾；第二，讓對方做出承諾。

不要懷疑承諾的效果，要是沒用，愛情電視劇裡也就不會總是出現發誓的經典橋段：

當女主角對男主角有所懷疑時，男主角通常就會使出絕招：「我發誓，這輩子就對妳一個人好，我會愛妳一生一世，如有違背誓言……」通常他的話還沒有說完，女主角就會迅速的捂住他的嘴巴，說：「你不要再說了，我相信你。」然後一臉嬌羞，依偎進了男人的懷抱裡，作幸福狀。

看看，這就是承諾的力量！

2 重複、重複再重複，很重要所以說三次

一定條件下，重複的次數越多，印象就越深刻。

人們頭腦中的看法不是短時間形成的，想要讓一個人接受一種新觀念，也不能只靠一、兩次交談。許多話需要經過反覆的強調，才能真正進入對方的思想中。

恆源祥的經典廣告，想必許多人都看過，其廣告畫外音（按：指不是由畫面中人或物直接發出聲音）是「羊羊羊」，三個字反覆說幾遍，特別能夠引起人們的視聽注意力。只要看過這個廣告，沒有幾個人會忘記。

這就是恆源祥播廣告的策略——反覆述說，反覆強調。二〇〇八年新春期間，恆源祥的十二生肖廣告在電視臺播放長達六十秒，其間把「恆源祥是北京奧運會贊助商」連續說了十幾遍，生怕大家不知道，這使每個看過這個

廣告的人，都有一種抓心撓肝（按：比喻十分難受）的感覺。

有些人熱衷於創意，看不起恆源祥的這種廣告方法，但是他們也無法否認這個廣告策略的有效性：反覆敘述、強調，能夠強化、加深人們對恆源祥的印象，並提高品牌的認知度。

如果你是做買賣的人，想要透過廣告來說服消費者，那麼你就要想盡辦法讓別人把你和你的產品、品牌記住；否則，你的表達就是無效的。聰明的說服者會想盡辦法讓你記住他。

譚木匠集團是一家生產實用工藝品的企業，主要產品是木梳。一直以來，譚木匠集團既沒有採取經銷商的方式來經營產品，也沒有採取媒體廣告的方式來推廣自己的產品，而是採取加盟店的方式來銷售產品。

每當顧客走進店內，銷售員就會向顧客詳細的介紹產品的工藝，以及保健用途，比如木梳經過三十六道工序製作而成。銷售員非常有耐心，通常都會反覆介紹產品，讓人的頭腦裡不斷閃現「譚木匠」、「三十六道工序」、

「保健」、「精品」之類的字眼。

重複的言語具有滴水穿石的力量。許多高手都會採用引人注意的詞句，不斷重複，以加深我們對商品或人物的印象，這其中的道理和暗示的作用是一樣的。

美國前總統林肯（Abraham Lincoln）最有名的話是「來自人民的為人民的人民政府」。如果只是為了表達意思，只要說「人民的政府」就可以了，但是，林肯重複使用三次「人民」這個詞，所以給人們帶來了極強的感染力。

的確，民眾聽了林肯的話後，似乎更加強化了人民政府已經誕生的這種意識。這就是重複言語的力量所在。

如果你經常與人打招呼，往往能夠讓人對你印象深刻。一次、兩次打招呼，別人也許不覺得什麼，但如果經常打招呼，慢慢的對方的印象中就會留下明顯的痕跡。

如果你的女朋友認為自己不太美，那麼你不妨經常讚美她，比如，「妳的眼睛真美」、「妳的笑容真好看」等。經過反覆讚美，她就會開始覺得自己很漂亮，並且更加傾心於你。

一定條件下，重複的次數越多，印象就越深刻。每週一歌或電視劇插曲，聽第一遍時感到陌生，然而一週下來，便基本會唱了。

德國著名記憶心理學家艾賓浩斯（Hermann Ebbinghaus）研究發現，熟記一段文字後僅過一個小時，就會忘記了五六％，兩天後又忘記了一六％，此後遺忘的速度就大幅度放慢，六天後雖然還會遺忘，但是僅僅遺忘三％。可見複習應該及時，新記憶的內容最好在短期內再次進行強化記憶。只有不斷的強化，印象才會更加深刻。

「三句話」提升溝通、說服力

律師在做陳述時，第一句話會說：「陪審團的各位女士、先生，我認為〇〇〇是無罪的……」接下來，他會把前面提過的證據重新再整理一次，這就像是演講的主題，到了最後，他一定會將前面的話再說一遍：「陪審團的各位女士、先生，所以我堅信〇〇〇無罪。」

在溝通的技巧中，這叫做「三句話」。第一句話叫做「**告訴他們你準備要告**

訴他們什麼」，第二句話就是「**告訴他們**」，最後一句話則是「**告訴他們你已經告訴了他們什麼**」。

一場演講，大致也可以分成這三個層次。演講的「開場白」其實就是一種「預告」，把你要說的話先說一遍。接下來的「主體」就是闡述你想說的話。到了「結語」，則是把你想說的話再強調一次。

另外，當別人接受了你的要求，答應為你做某件事時，不要忘記時常的問一問，免得對方忘記。當然，這種提醒式的做法不宜太頻繁。

總而言之，重複性的言語，能夠讓人產生深刻的印象，對於增強說服力而言，具有相當不錯的效果。

那麼，在說服過程中，該怎麼運用這個說服策略，讓對方記住我們呢？具體要注意哪些問題呢？

1 加強刺激的強度：用通俗易懂、朗朗上口的言語。

如果你的語言複雜而難以理解，很容易讓人聽得想睡覺。如果你仔細去體會，就會發現在交談中我們其實都不太留意對方的話，對方說十句話，真正能夠讓我們記住的，往往不過一、兩句而已。所以，**不要說太多話，要說引人注意、能給人留下深刻印象的話**。

看看電視裡的廣告語：「我們的目標是——沒有蛀牙」、「農夫山泉，味道有點甜」、「女人更年要靜心」、「天才第一步，雀氏紙尿褲」……這些言簡意賅、朗朗上口的話，如果反覆播出，必然能夠給聽眾留下深刻的印象。

2 提高重複的次數：盡可能多的反覆敘述。

不要怕囉唆，雖然人們都討厭嘮叨，但是不可否認的是，嘮叨其實很有效。雖然在你嘮叨時，聽者或許會不耐煩，但是嘮叨聽多了，也會成為一種習慣。當你不嘮叨時，聽者就會覺得不舒服，反而會懷念起你的嘮叨。

當然，如果你覺得嘮叨真的不太好，那麼可以減少重複敘述的次數；不過，最起碼你應該在說話結束時，再次強調一下你的主題。

3 從小地方開始要求，就能得寸進尺

如果一開始就提出較高的要求，很容易遭到別人拒絕；但如果你先提出較低要求，在別人同意後再增加分量，則容易達到目標。

一九六六年，美國心理學家喬納森・弗里德曼（Jonathan Freedman）和史考特・傅雷澤（Scott Fraser）做了一個實驗：他們派人隨機訪問了加利福尼亞州（State of California，簡稱加州）某居民區內的一些家庭主婦，請求她們把一個小招牌掛在自己家的窗戶上。這些家庭主婦們大都愉快的同意了。

過了一段時間，實驗者再次走訪這些家庭主婦，請求她們將一個不太美觀的招牌掛在自己的窗戶上，她們也大都同意了。又過了一些日子，實驗者請求這些家庭主婦，把一塊不僅大而且不太美觀的招牌放在院子裡，結果依然有超過半數的家庭主婦同意了。

相較之下，心理學家派人隨機訪問另外一些家庭主婦，直接表示希望將一塊不僅大而且不太美觀的招牌放在她們的庭院裡，結果同意這個要求的家庭主婦的人數不到二〇%。

心理學家得出結論：**個人一旦接受了他人的一個小要求，如果他人在此基礎上繼續提出一個更高的要求，那麼這個人就傾向於答應這個更高的要求**。因此，心理學家提醒人們，在接受瑣碎請求時務必要小心謹慎，因為一旦同意了，它就有可能影響到我們自身的認知。

我們可以把這個心理規律稱之為「得寸進尺效應（又稱登門檻效應）」，在溝通的過程中，我們如果能夠利用這個規律，可以幫助我們更快達成說服的目的。同時，也能夠降低被人拒絕的機率。

有個人約了一位朋友在一家百貨商場見面，朋友還沒來。為了打發時間，她便走到了商場裡的時裝區閒逛。

「小姐，這是今年的最新款式，妳喜歡的話可以試試。」一位熱情的櫃姐走過來，滿臉笑容的向她推薦。

「哦，我只是隨便看看。」

「沒有關係。不過，我覺得這款特別適合妳，妳試試看？」

這個人笑了一下，搖搖頭。

「我賣衣服好幾年了，我根據妳的氣質就知道妳穿什麼樣的衣服好看。不信妳可以試試效果怎麼樣。」這位櫃姐極力的誇讚這個人的氣質。

「妳試完了不買也沒關係，妳就當嘗試一下全新的風格。如果真的適合，還可以當作妳以後買衣服的方向，是不是？」櫃姐一邊說一邊將衣服從衣架上取下來放在她的手上，「試衣間在那邊。」

這個人想：「既然這樣，那就試一下吧，反正也可以不買的。」她這樣想著，便接過了櫃姐手中的衣服，走向了試衣間。

等她從試衣間出來，櫃姐一看，十分驚訝的讚嘆道：「妳看，我說得對吧？多好看，簡直就是幫妳量身訂做的一樣！」

就這樣，原本只是隨便逛一下商場，最後卻購買了這件衣服。

這個本來無意購買衣服的人，正是因為滿足了這名櫃姐的第一個小要求，所以接下來對於她的更高要求，也就因為面子的問題，希望給人頭尾一致的印象，所以無法拒絕。

要說服沒意願的人，你需要得寸進尺

在生活中，當你請求別人時，如果一開始就提出較高的要求，很容易遭到別人拒絕；但如果你先提出較低要求，在別人同意後再增加分量，則容易達到目標。

這就是此策略的妙處。對於推銷員來說，把目標分解，採取層層遞進、得寸進尺的方法，將更容易說服顧客，賣出產品。

有個銷售員推銷滅蟑藥，他跟客戶說：「我是威猛公司的，我們公司正在舉辦義務滅蟑活動，我這裡有活動宣傳單，還有一本滅蟑指導手冊，贈送給你。你們家有蟑螂嗎？我可以免費幫你滅蟑。」

於是，貪小便宜的，放不下面子的，就把此人請進家門，開始滅蟑。滅完蟑，看到人家灰頭土臉的，就會給人家倒杯水，小坐一下，這本來就是人之常情。好了，這個時候，銷售員就開始說起有關於飲食衛生和蟑螂之類的知識，然後講起公司的最新產品。

最後的結果是，顧客買了滅蟑藥——看到人家這樣辛苦、這樣熱情，怎麼好意思不掏錢呢？

當然，這個策略不僅可以運用在推銷上，還可以運用在員工管理上。比如，在要求部屬做某件較難的任務時，可以先向他提出做一件類似的較小的事情。特別是對於一個新人，可以先給一個比較簡單的任務，當他們達到這個要求後，再透過鼓勵，逐步向其提出更高的要求，這樣員工容易接受，預期目標也容易實現。

在生活中教育孩子時，你也可以採取這個策略。對學習有困難的孩子，開始時不要對他們提出過高的要求，比如，不要一看到孩子考試不及格，就著急上火，大吼大叫：「你書白讀了，你看看隔壁家的小明，能考九十多分，且人家還考過滿分。再看看你，連及格都考不到！」

為什麼開口就要一個學習有困難的孩子考九十分、一百分？你應該先提出一個小要求，當孩子達到這個要求後再透過鼓勵，逐步向其提出更高的要求，孩子往往更容易接受並力求達到。

記住，使用這個策略的關鍵，就在於第一個問題，你要先讓對方說「是」。**如果對方開口第一句話，是對你的意見表示認同，那麼接下來的一切都會順利得多**。怎樣才能達成這樣目的呢？以下是幾個要點：

1 開始提的小要求，應該符合實際，能讓對方比較容易就達成。

說服孩子去做事情，尤其要注意這一點，即「跳起搆得著」，讓孩子經過努力能夠達到，這樣他才能夠獲得成功的喜悅，才會接受下一層次的目標。

2 不要一股腦將所有的要求都提出來。

把說服對象淹沒在要求當中，將會讓你失去機會。比如，要求孩子養成良好的習慣，你可以先讓孩子學會說「你好」，等到他學會之後，再讓他學「謝謝」，不要一下子就將所有需要學習的東西都擺在檯面上，那樣會嚇到孩子，讓他產生畏難情緒，最終退縮。

3 要對對方的回應做出積極的、鼓勵性的評價。

一個讚許的點頭、一個滿意的微笑、一次真誠的祝福，都可能喚起對方的熱情，使他們獲得滿足感和自豪感。而當他們擁有滿足感和自豪感時，也就是他們最願意接受要求的時候。

4 去爭取更多，而不是獲得一切。

每個人都想獲得一切，但事實上沒有人能夠做到這一點。我們只能盡力爭取更多，為了獲取更多，甚至有時候我們還需要做出讓步。如果你從一開始就保持著想要獲得一切的想法去談，那麼最大的可能就是一無所獲。

4 擴大你與對方的相同處，不提衝突

找到自己與他人的共同處並加以擴大、利用，這樣，對方就容易接受你的批評或修正。

從某種程度上來說，**說服就是要化解異議**。但是異議不是那麼好化解的，需要掌握正確的方法。有的人一遇到他人的異議，就想駁斥對方，希望從言語論辯上戰勝對方，讓對方接受他的看法。可是，結果往往適得其反——對方不僅不能接受，還變得更加固執。

所以，當我們聽到了異議時，不要急著下定論，更不要急著去爭辯。我們要明白，對方有權利拒絕我們，但是對方的拒絕並不意味著我們的失敗，給異議一個商量的餘地，或許會峰迴路轉。

比如，當我們想要去一個地方玩，而朋友不贊成時，難道自己就此放棄？當然不是！在大多數時候，我們會試著商量，極力爭取。生活中特別頑固的人畢竟不多，很多事情都有轉圜的餘地，多做一些努力，或許對方就會改變主意。

直接要求就直接拒絕，是一種慣性心理

事實上，許多人在面對別人的要求發出拒絕時，他們的腦袋其實沒有進行過充分的思考，只是自我保護的條件反射，使得他們說出了「不」字。因此，如果我們聽到對方有異議，就輕易的下了結論，那麼異議將會變成事實。

所以，我們一定要明白，拒絕，是人們的一種慣性心理。我們完全可以運用一些技巧，去扭轉這種局面，達到說服對方的目的。如果我們能夠運用好的語言技巧，在很多時候，甚至可以一句話就改變局面，最終和對方達成一致。

1 尋找共同之處，極度放大這個共同之處。

明確表示出與對方觀點的相同處和不同處。不論對方持有什麼樣的看法或偏見，也不論他的主觀意識與你的觀點有多大的差異，多數情況下兩者之間總會有

一些相同之處。**擴大你與對方的共同點，並加以利用。**

有個女孩要結婚，卻遭到了母親的反對。原來她的母親嫌女孩的結婚對象條件不夠好。在母親的心目中，女婿在學歷、家庭條件、年齡等各方面都得要相當好。但是，女孩卻不在乎這些，結果與母親的期望出現了衝突。

母女兩個人鬧得不可開交。媒人來了，說了一番話，但那位母親還是不同意：「這件事太麻煩你了，不過考慮到小女將來的幸福，我們還是不同意這樁親事。」

媒人說：「在考慮兒女的幸福這一點上我們是相同的，而且，那個小夥子的家庭條件的確不太好，但他人品很不錯，相貌也可以，你家女兒也了解他，很滿意他。如果你們站在女兒的立場上，考慮她的幸福的話，就請你們重新考慮這樁親事吧。」

母親沉默了好一會兒，點頭說：「你讓我再想想吧。」經過認真考慮之後，這位母親認為媒人說的話很有道理。如果堅持自己的標準，追求理想中的女婿，那麼女兒恐怕會很不開心。

因此，那位母親最終改變了態度，不再反對這門親事。兩個年輕人終成眷屬，實在應該感謝媒人的一句話，那位媒人可謂一語驚醒夢中人，存異求同，放大「兒女的幸福」這一相同之處，最終讓那位母親認真思考，並且接受了這門親事。

像這樣，找到自己與他人的共同處並加以擴大、利用，是說服對方很有效的辦法之一。有的人聽了對方說的話後，發現其中有一點自己不大同意，立刻就提出異議，而對方一聽，就會以為自己的意見全被否定了，因此很不高興。在這種場合，我們一定要先說明哪一點，或者哪些方面，自己是完全同意的，然後再指出自己與對方意見不同的某一點。這樣，對方就容易接受你的批評或修正，因為他知道雙方對於主要部分的意見是完全一致的。

2 不斷強調共同目標，「暫時擱置爭議吧！」

找到雙方共同的目的，要求大家做出適當的讓步。當然，這種說服策略也可以促成合作。

世界上第一部成文憲法誕生於美國，當時正處於獨立戰爭時期，由於許多政治學者的參與，制憲問題因此無法達成一致意見而一再拖延。當時的富蘭克林（Franklin）是一位政治家，同時也是一位偉大的演講家，經常能使敵對雙方化敵為友，扭轉不利局勢。制憲會議在費城召開時，場面非常混亂，幾個黨派爆發了激烈的爭吵，甚至發展到互相進行人身攻擊的糟糕局面。

為了緩和緊張的氣氛，平息激烈的衝突，富蘭克林發表了一番言論：「說心裡話，我也不太贊同這部憲法，但是我找不到適合的理由去反對。到今天為止，如果我得到了更好的資訊，也會慎重的考慮，有時候甚至會改變以前的想法。任何重要的問題都一樣，原本以為自己的判斷是準確的，最終會發現並非如此。雖然今天各位的想法都不一樣，但請看在全體美國人共同利益的份上，暫時放下個人之間的爭執，共同簽署憲法法案吧！」

聽完富蘭克林的話，反對派們也開始冷靜下來，雙方最終達成了共識，讓憲法順利通過。

當你需要促成合作關係時，可以採取這個策略：不斷的提醒對方，大家之所以聚集在一起，目的不是為了爭吵而鬧不愉快，而是為了共同的目標，所以不要為了雞毛蒜皮的小事，而破壞了大局。這樣可以消除彼此間的分歧，很快達成說服目的。

3 先對他人的觀點表示贊同，然後在贊同的基礎上，進行說服。

有一個保險業務員滔滔不絕的向客戶推銷保險，講了半天，客戶說：「我還是再等等吧，或許還會有更好的險種出現。」這就是典型的異議。那麼，出現這種情況時，業務員該怎麼辦？

人家明顯不買你的帳，難道還要死皮賴臉的要人家買嗎？很多時候，業務員遇到這種情形，都會悻悻而歸，但是這個保險業務員不是這樣，他用一句話改變了局面。

「張先生，我很同意你的看法，也許真的會有更好的險種出現。這就像手機和電腦一樣，一代比一代好，可是我們需要時，再貴也得買，不是嗎？更何況，手機和電腦我們需要時再去買就可以了，但保險不一樣，保險是不需要時買，真的需要時就買不到了。所以，為了你的健康和將來，就不要再等了。」

毫無疑問，當業務員這樣講時，那位張先生肯定會重新思考要不要買這個保險，因為他產生了動搖——他肯定會想：事情還真是這樣，萬一以後遇到什麼情況，可就麻煩了！

只要說服對象在思想上產生了動搖，那麼說服就可以繼續下去。雙方有異議時，不要喪氣，也不要灰心，靜下心來、好好考慮，是不是能夠換個角度，打破異議？

4 讚美你認同的部分，你不認同的部分，則沉默處理。

有位女士外表不好看，再加上她又不愛打扮自己，因此多數男人都對她看不上眼。於是，她變得很自卑。或許是認知出現了偏差，她認定自己不適合打扮。這個時候，每當有人建議她：「妳的髮型應該……」她就會怒氣沖沖的說：「不用你管，反正我怎麼打扮也就這個樣子！」

但是，即便形象不好，最終她還是把自己嫁出去了。沒想到的是，婚後幾個月，她就完全變了，變得像電視劇裡的女主角一樣美麗，與之前的醜陋形象相比，完全判若兩人。原來她被她的丈夫說服了。人們覺得很驚訝，因為大家都知道她的脾氣很不好，很難溝通。因此，就問她的丈夫，是怎麼做到的？

她的丈夫說：「當她穿不適合衣服時，我什麼也不說，但是，當她穿上適合的衣服時，我便會誇獎說『真漂亮』。髮型、飾物也是如此。」

慢慢的，她對打扮有了信心，因容貌而產生的自卑感自然也消除得無影無蹤了。

5 要射人卻先射馬，人人都有軟肋

想要說服某個人時，先和對方談一談他最感興趣的事。如此，便能夠收集到更多資訊，同時也能發現對方更多破綻。

有句古話：「射人先射馬。」意思是說做事要抓住關鍵。說話也是如此，必須抓住關鍵的人或事，才能事半功倍。想要博取客戶的歡心，就先攻下他的太太；想要讓其購買汽車，就先引起他家孩子對汽車的興趣。幾乎所有的推銷員都了解這個技巧。

愛子、愛女、愛妻等，是大家的軟肋和弱點，特別是自家孩子的要求，幾乎無法拒絕，即便他的要求很荒誕，我們都會盡力去滿足。其次是愛妻，甚至還有愛車。你或許會覺得對一部由鐵、玻璃和塑膠構成的機器產生愛，未免太荒唐，但世上的確有不少人，會因為聽到別人說他車子的壞話而勃然大怒。

我們之所以禁不起有關親人的談話，是因為我們正處於心理學上所謂的**自我關懷作用**當中。所謂自我關懷作用，即自我和對象緊黏在一起的狀態。所以親人獲得稱讚，自己也會有被稱讚的錯覺。我們的愛車受到稱讚，我們也會洋洋自得，覺得自己也得到了稱讚。

以對方關心的人事物，突破心防

對於初次見面的人，要打開其心扉，探查其內心深處，通常是一件相當困難的事情，但是如果我們能夠抓住對方關心的人或物，只需要一點點契機，往往能夠促使對方開口。

當對方所關懷的事物就在身邊時，會給我們這樣的說服契機。我們可以和對方聊寵物、愛車，告訴對方我們有相同的興趣。正是這些屬於私人性質的事情，成為拉近彼此距離的契機，使得話題活躍起來，這是很常見的事情。

在英國大百科全書公司工作的史密斯，曾以每份一百元的價格，向他的同事購買那些拒絕他們產品的客戶名單。其他銷售員無法說服的客戶，史密斯又是怎樣成功的說服了其中的一些人呢？

史密斯對客戶說：「大百科全書裡各個領域的知識都包括了。有了它，就像擁有了一個隨身的智囊團一樣。我相信，在你以後的工作和生活中，需要用到它的地方一定很多。」客戶搖頭：「我想我不需要。我是做手藝活的，沒有必要準備那麼厚的一本書。而且，我一讀這種書就想睡覺。我看你還是到用腦子多的人那裡去試試吧。」

史密斯說：「謝謝你給我的這個建議。我看見外面有一輛小自行車，你的孩子今年幾歲了？」客戶說：「六歲了，在上幼兒園大班。」史密斯說：「這麼說，明年就上小學了。現在孩子讀書挺不容易的吧？」客戶點頭道：「是啊，現在的學生從小學開始就得去上課外補習班。」史密斯點點頭：「嗯，好像是這樣的。我高中沒有讀完就退學了，所以也不知道上補習班是怎麼回事。」

客戶有些驚訝的說：「啊，是嗎？我還以為你是上過大學的人呢。而且，你賣的又是大百科全書這種東西。」史密斯搖搖頭，認真的說：「你誤會了，這只不過是我的工作而已。但是，你也許不相信，透過這東西我還真是學到了不少知識呢。雖然我沒有學歷，但真正的知識，我可一點也不比一般大學生知道得少。」

客戶笑著說：「是啊，你的談吐不凡。」史密斯也笑：「你的孩子現在上幼兒園，他是不是經常問你這是什麼、那是什麼之類的問題？」客戶點頭：「是啊，你說得沒錯，問得我都有點煩了。他常常問一些我都沒辦法回答的稀奇古怪的問題，我太太也為此覺得頭疼。」史密斯笑著說道：「你知道嗎？父母與子女之間最重要的就是溝通。如果孩子問了家長，家長回答不了，次數多了，孩子以後也就不再問了。統計資料顯示，小時候不愛問問題的孩子，上了初中、高中也不會問！」

客戶想了想，點頭道：「嗯，是這麼回事啊。」史密斯拍了拍手上的百科全書：「我認為大百科全書是一座架在父母和孩子之間的橋梁。如果孩子問你：『這是為什麼？』而你又不知道時，就可以對他說：『這個爸爸也不太清楚，要不我們一起來查查大百科全書吧。』這樣不是可以養成孩子勤奮好學的習慣嗎？」

客戶點頭：「你說得確實有道理。」史密斯微笑道：「你過獎了，但我確實是這樣想的。美國不是有一句諺語說『習慣是第二天性』嗎？如果養成了勤奮好學的習慣，就會對智力開發大有好處。即使你的工作用不著，也可以拿回家和孩子一起用啊！」

「說得也是……我太太也在抱怨，說等孩子上了小學，到了高年級就教不了他了。」客戶摸了摸腦袋，似乎有些想法。史密斯道：「是啊，現在的小學生經常需要背很多的東西，已經不是家長能教得了的啦。」

「是啊，」客戶說著，指了指史密斯手上的書說：「那麼，這本書需要多少錢？」就這樣，史密斯賣出了一套百科全書。

以孩子、父母等家人做話題來進行說服，是最為常見的一種說服策略，且非常有效。還有一種策略是採取迂迴攻勢，從對方身邊的親人入手，用各種好話贏得對方的孩子、配偶的好感，然後透過孩子、配偶，向對方提出要求，這將讓你的說服對象變得很難拒絕。

所以，在溝通之前，我們一定要先進行充分的了解，對方所關心的人或物，都可能成為我們的突破點。

打鑼賣糖，各愛各行。在現實生活中，人是不可能沒有喜好的，每個人都有自己關心的人和愛好的事物，有的人喜歡畫畫、有的人喜歡唱歌，還有人喜歡下棋、釣魚、集郵等。還有些人看起來似乎並不愛說話，總是沉默不語，其實完全不是那回事，只是大家沒有談到他感興趣的話題。

就好像吃飯時，我們遇到自己喜歡吃的菜，肯定會多吃一點，同樣的道理，我們遇到自己感興趣的話題，肯定會多聊一點兒。因此，在交談的過程中，多聊一聊對方感興趣的話題，將有助於我們的說服。

對方愛談軍事，你就從軍事上找突破點；對方愛談藝術，你就從藝術上切入。對方肯定會願意談，慢慢交流下去，你就可以達成自己的計畫了。

余小姐是個營業員，在某商場賣衣服。這天，來了一位皮膚白皙的女士，想要購買一件襯衫。她幫這位顧客試穿衣服時說：「妳覺得這件衣服怎麼樣？是不是摸起來非常舒服？這料子多好啊！肯定適合妳穿！」

顧客用手摸了摸衣服，點頭稱讚：「嗯，這料子摸起來確實還可以，只是我看這顏色有點難以搭配。」

余小姐連忙說：「怎麼會！我覺得很好啊。再說了，妳也認為這件衣服的手感非常好啊！」

「可是，我覺得還是不夠好！」說著，顧客放下了衣服。

很明顯，余小姐的說服計畫失敗了。我們再來看看，安小姐和顧客是怎麼交流的？最終結果又是怎樣的？

安小姐：「妳覺得這件衣服怎麼樣？是不是摸起來非常舒服？這料子多好啊！肯定適合妳穿！」

顧客用手摸了摸衣服，點頭稱讚：「嗯，這料子摸起來確實還可以，只是我看這顏色有點難以搭配。」

安小姐笑了：「不會啊！妳的皮膚這麼好，這樣鮮豔的顏色會把妳的膚色襯托得更加完美！小姐，妳的皮膚真的很好，我在店裡很少見到像妳這樣皮膚白的女士。妳一定有什麼美白祕訣吧，可以傳授我一點嗎？說實話，我一直在為自己的皮膚不夠白，無法隨意搭配衣服而苦惱呢！」

說到皮膚，那位女士明顯很自豪。她的話多了起來，向安小姐傳授了一些美白小竅門，然後開開心心的買走了衣服。

安小姐成功說服顧客，是因為她找到了那位女士感興趣的話題。透過觀察，她知道那位女士一定特別愛談自己的皮膚。果不其然，一談到自己的皮膚，那位女士的興趣就來了。從心理上，她接受了安小姐的說法，買走了衣服。

想要說服某個人時，不妨先和對方談一談他最感興趣的事，這樣對方往往不能控制自己，而會打開話匣子。如此，便能夠收集到更多資訊，同時也能發現對方更多破綻，溝通起來也就會更加容易。

第七章

換一個違反常理的說法，反而說服了

想要說服人，要把握時機、注意分寸。沒有哪種方法可以適用於所有的狀況。特別是在某些特定情況下，經典的方法可能無效，這時，你就需要多動一點腦筋，轉變自己的思維，嘗試使用一些特別的方法來達成目的。

本章將為你介紹各種特別的方法，這些方法與上一章相比，顯得更加巧妙。當然，使用它們的條件也會更苛刻一些，如果運用不當，可能會造成一些後遺症。因此，在運用之前，你最好認真考慮一下是否適合。

1 潑冷水、唱反調，說服傲驕之人

對於有強烈的自尊心和地位意識的人，可以利用激將法來刺激他。但是激將法不能亂用。

古希臘有個神話，說宙斯給潘朵拉一個盒子，盒子裡面裝著這個世界所有的罪惡和苦難。宙斯告訴她絕對不能打開。潘朵拉很好奇，越是不能打開，她就越想打開盒子，看看裡面到底裝了什麼。結果她打開了盒子，放出了世界上所有的罪惡。

這種心理在現實生活中確實存在，越是被禁止的東西，人們越感興趣，越難得到的東西，也就越顯得珍貴。為什麼會出現這種現象呢，心理學家認為：人類有一種探究的本能，遇事都想知道個究竟，以揭示其奧祕。就是這個本能激發了人們的好奇心，驅使人們解開事物的真相。

對驕傲的人——用「激將法」、「說反話」

當別人告訴你某件事不能做時，你可能會很想試一試；當別人說你做某事不行時，你反而可能爆發出激情。例如，當上小學的孩子不願意做某事時，只要加上一句：「他不是不做，可能是沒有能力做吧」，很奇怪，孩子本來不願做的事，這時會自動去做。也就是說，這種不說孩子不願意做，而是故意強調孩子能力不足的激將法，激起了孩子戰勝不滿情緒的自尊心。

這個方法經常被使用。但是激將法不能亂用，使用激將法是有針對性的。

西元二〇八年，曹操親率二十多萬大軍南征。而這個時候，江東的孫權尚在「抗曹」與「降曹」之間搖擺不定。面對東吳決策人物的猶豫態度，諸葛亮決定前往江東，說服孫權，聯劉抗曹。

熱情的魯肅接待了遠道而來的諸葛亮。魯肅是主張抗曹的，因此他很希望諸葛亮能夠說服自己的主公。但是他擔心諸葛亮說話太刺耳，故在引領諸葛亮去見主公孫權之前，便特別叮囑諸葛亮：說話不要過激。

可是，當諸葛亮看到孫權的神情態度、儀表動作，立即就判斷出對方有很強的自尊之心，因此他確定了說服的策略：此人只有激，不可說。

於是，他不理會之前魯肅的特別交代，當下就大吹特吹，把曹操的實力格外加碼的描述了一番，而且一點也不委婉的建議孫權：「如果不能早下抗曹決心，不如乾脆投降保命。」

孫權聽了諸葛亮如此直白的勸告，當即就回敬一句：「如果真是你說的那樣，那麼劉備為什麼不向曹操投降？」

諸葛亮微笑著說：「過去有齊國人田橫，逃亡海上，還能夠守住節義，威武不辱，真可謂壯烈之士。更何況我主公是王室之後，英才蓋世，為天下人所敬仰。如果大業不成，那是天意如此，又怎麼能夠臣服於亂臣賊子呢？」

諸葛亮的一番話，好像就是說：「你孫權怎麼能跟我們主公劉備相比？」這讓自尊心極強的孫權如何受得了。因此，孫權立即勃然變色，拂衣而去。魯肅還以為諸葛亮說服失敗了呢。但沒有想到的是，諸葛亮的這番話，反而激起了孫權抗曹的決心。

接著，諸葛亮與東吳軍方第一號人物、外事第一謀臣周瑜對壘，同樣採取了激將法。周瑜的自尊心比孫權有過之而無不及，諸葛亮的激將法再次發揮作用，三言兩語之下，把周瑜說得直跳腳，輕而易舉就將他拉進抗曹的陣營中來了。

魯肅引著諸葛亮拜訪周瑜時，周瑜正在邵陽湖訓練水師。魯肅見到周瑜，就開門見山的說：「現在曹操派數十萬兵馬南下，顯然有吞併江南的意圖，是講和還是開戰，主公一直猶豫不決。將軍，你看怎麼辦才好呢？」

周瑜表情嚴肅，回答道：「曹操挾著天子的名義，他的兵馬師出有名，更何況曹操的勢力非常強，我們不可以輕易犯險！」

魯肅聽了，連忙說：「老主公曾經有遺言，內事不決問張昭，外事不決問周瑜。現在正是需要將軍保全國家的時候啊！」

正在兩個人爭執不休、將要翻臉之時，旁邊一直不發一語的諸葛亮突然哈哈大笑起來。周瑜轉過頭來，好奇的問他：「先生，你為何發笑？」

諸葛亮從容回答道：「我笑魯肅太不識時務了！試想曹操極善用兵，天下沒有幾個人敢於與之對抗。只有呂布、袁術、袁紹少數幾個人曾經敢於和曹操交戰，現在他們都被曹操滅掉了，只剩下劉備不識時務，能與曹操匹敵，儘管他孤身江夏，存亡尚且不可預料。但是，將軍，你降曹就可以保全妻子、兒女和富貴，即使國家沒有了，又有什麼可惜的呢？」

魯肅聽了諸葛亮的話，還不明白怎麼回事，愣愣的問：「先生，你怎麼一下子又轉過來叫我們去投降呢？」周瑜也有些丈二金剛摸不著頭腦，默然不語。

諸葛亮察言觀色，對二人說：「既然不想戰，又不想降，還要讓曹操的百萬大軍退走，那麼只有一個辦法。」

周瑜順口問：「先生，你有什麼計策可以讓曹操退兵？」

諸葛亮回答：「只要獻上兩個人即可。對於江東來說，獻出這兩個人只不過是九牛一毛；而對曹操來說，此二人則如同至寶。這樣一來，曹操必會滿意而歸。」

周瑜聽聞有這樣的兩個人就可以讓曹操退兵，非常高興，連忙追問「此二人」是誰。

諸葛亮不慌不忙的說：「我聽說曹操修建了一座銅雀臺，用來蓄養天下的美女，以方便其淫樂。曹操早就聽說江東喬公有兩個如花似玉的女兒，叫做大喬和小喬，都非常美麗。如今曹軍虎視江南，不過覬覦這兩個美女而已。將軍若將這兩個人送給曹操，老賊定會班師而去。這是『美人計』，將軍熟讀兵法，為什麼不用此計退兵呢？」

諸葛亮說完，周、魯二人早已面紅耳赤。只聽周瑜憤憤的問：「曹操想要得到二喬，你如何知道？」

諸葛亮說：「銅雀臺建成之時，曹操之子曹植曾獻上《銅雀臺賦》作為禮頌。」說著，他認真的將此賦背誦了一遍，將賦中的「連二喬於東南」改成「攬二喬於東南」，道出曹操要奪取二喬的決心。

熟料周瑜聽罷，勃然大怒，驀然站起，指著北方罵道：「老賊欺人太甚！我與老賊勢不兩立！」當即表示要說服孫權抗曹。

諸葛亮佯裝一臉茫然，問道：「將軍何故如此憤怒？」魯肅便道出大喬、小喬分別是孫策、周瑜之妻的真相。諸葛亮連忙道歉：「將軍見諒，亮實不知竟有此事。」

一般來說，傲氣十足的人，更加喜歡正面的恭維。因為他對面子看得很重，同時，這類人也非常講究分寸，正面恭維可以讓他飄飄然。如果你對他能夠當面多美言幾句，他很快就會順從你的意願。但是傲氣的人也有頑固時，如果這樣的人不願意接受你的要求，就可以選擇使用激將法，刺激他的自尊心。

在利用激將法時，可以利用對方的**「地位意識」**。例如，說服自己的主管時，就要刺激他的「地位優越感」。如果你說：「我可能沒有能力做這項工作」來強調自己的能力不足，以及掌握的情況不夠等，就會刺激對方對自己地位的優越感，他也許會說：「是的，你可能不行，還是我來做吧」，而輕易的接受你的說服。

所以，諸葛亮的這個說服方法的關鍵不在於潑冷水、唱反調，而在於**抓住一些人具有強烈的自尊心和地位意識的特點**。

2 無賴法：製造尷尬以逼人就範

人在很多時候會暴露出自己的軟肋，比如悲觀、失望、消極，當然還有開心、激動、積極等情緒。一個好的溝通者，得能在一開始就準確掌握對方的心理狀態。

美國第六位總統亞當斯（John Quincy Adams）很低調，不喜歡在公眾場合發表言論，也很少給記者採訪的機會。但是凡事總有例外，有一個女記者就成功的獲得了採訪的機會。她是如何說服總統的呢？

這位女記者很聰明，她透過分析各種資料，知道總統是一個不喜歡與人交流的人，因此，她認為在公開場合尋求採訪機會是很困難的，一定要出奇招才有可能成功。

經過了解，她知道總統有一個特別的習慣，那就是每天都會早起，然後散步、騎馬或者去河裡裸泳。於是她就想趁此機會，去採訪總統先生，或許能夠成功。

這天早上，她早早的起床，在總統必經的小路上靜靜守候。當她看到總統到來，便裝作不經意的樣子，走了過去，和總統打了一個招呼。很顯然，總統並不知道她是記者，於是向她打招呼。

女記者發現，總統果然和傳聞中的一樣，不喜歡與人交流。當總統和她交談時，看了好幾次時間。她心想，總統如此在意早上的時間，可見現在不是採訪的好時機。於是，她立刻決定向總統告辭。

但她並沒有就此離去，而是悄悄的尾隨總統來到了小河邊。當她看到總統脫光衣服跳進水中之後，便快速來到總統的衣服旁邊，對總統說：「早上好啊，總統先生！沒有想到，你會在河中游泳。剛才太匆忙了，我還沒有來得及做自我介紹，我是一個記者，請問可以採訪你嗎？」

總統非常不好意思，他游過來時滿臉通紅。看得出來，他有些擔心，或許他怕這名女記者會曝光自己裸泳的形象。他沉聲說道：「妳想幹什麼？我喜歡早上游泳，請妳離開！」

他的心理狀態當然沒有逃過這個女記者的眼睛，她很快就揣摩到了總統的心理。於是，她從容不迫的說道：「總統先生，請不要誤會，我什麼也不想做，只想採訪你關於國家銀行的看法。事實上，我已經找過你好幾次了，但每次到白宮，他們都不讓我進去。於是，我悄悄觀察你的行蹤，發現你有早起運動的習慣。剛才我原本是想對你提出採訪請求的，卻發現那並不是個好時機。所以，我只好選擇現在向你提出這個請求了。當然，你可以不同意我的請求，不過，我會坐在這裡一直等下去。如何決定，就看你自己的了。」

總統很討厭處於這種尷尬的狀況，於是對女記者說：「採訪可以，但妳得先讓我穿好衣服。妳先到樹叢裡去，我穿好衣服，就接受妳的採訪。」

女記者笑了：「不！總統先生，這絕對不行！我是不會走的，你若一定要上來，那也沒有關係，我記得河的那邊，有幾個釣魚的！」最終，總統屈服了，在水裡接受了她的採訪。

女記者的行為可謂無賴得很，但我們不得不佩服她的智慧，因為她會把握說服的時機，更擅長把握人的心理狀態。事實上，她與亞當斯總統之間，有過兩次正面的交鋒：

第一次，她放棄了說服總統接受自己採訪的計畫。原因是，她很快就把握住了總統的心理狀態。在那個時段，他根本不可能接受自己的採訪，於是她果斷的放棄了，她知道堅持下去一定會適得其反。

第二次，她故意來到總統放衣服的地方。這一次，她再次成功的把握住了總統的心理狀態。這個時候的總統，除了氣憤，還有些惶恐。試問，有哪個總統能夠赤身裸體的坦然面對記者？而這位聰明的女記者，正是掌握住了總統此時的心理狀態，才大膽的提出了自己的要求。

把握時機，掌握對方的心理

雖然這位女記者的說服手段，似乎不是君子行徑，但是，她畢竟成功了。說服要把握時機，也要掌握人的心理狀態，尤其要利用說服對象暴露的負面情緒來說服對方。

人在很多時候會暴露出自己的軟肋，比如悲觀、失望、消極，當然還有開心、激動、積極等情緒。想想看，如果知道你的對象心中正喜悅無限，那麼對於你的說服，是不是有所幫助呢？所以，一個好的溝通者，得能在一開始就準確掌握對方的心理狀態。

心理狀態往往是你攻破對方堡壘的突破點，一旦突破，你就可以長驅直入，但這有個前提，就是你必須快速掌握住對方的心理狀態。三秒鐘之內，你要透過察言觀色，找到對方表露出來的蛛絲馬跡。比如說對方緊張，那他就會表露出緊張的神情，有些人甚至會拉自己的衣角、會左顧右盼、會口吃，還有些人會滿臉大汗等等。

總之，除了極少數心理素質特別強悍的人，大多數人的心理狀態都會表露在外，你是完全可以及時捕捉到的。

所以，女記者的這個說服方法的關鍵，不在於無賴的做法，而在於準確掌握對方的心理。

3 說服急性子：瞬間沉默，不講話

世上只有一種方法能讓一個人從爭辯中獲得最大的利益——那就是停止爭辯。

很多人認為，既然想要說服對方，那麼就要在口才上見真章。其實不然，偶爾沉默，也能達到同樣的效果。有的人認為，沉默意味著無話可說，是說服中的大忌。然而事實上，恰到好處的沉默，往往具有非常好的說服效果。

二戰即將結束時，反法西斯同盟的三位巨頭——美國總統杜魯門（Truman）、英國首相邱吉爾（Churchill）和蘇聯領導人史達林（Stalin）齊聚波茨坦（Potsdam，位於德國柏林西南）舉行會談。在會議進行期間，杜魯門別有用心的對史達林說：「美國已經成功研製一種新式殺傷武器，其威力比最先進的導彈還要大許多。」他在說完以後暗示這種新武器就是原子彈，並且反覆強調原子彈的殺傷力。

杜魯門說完之後，雙眼一動也不動的盯著史達林，希望能從史達林的臉上看到一些變化。這個時候，站在一邊的邱吉爾也在看史達林的反應。

但是自始至終，史達林的表情都絲毫沒有變化，彷彿對新型武器早有所知。這種沉默，讓杜魯門和邱吉爾都摸不定史達林的底細。本來，杜魯門和邱吉爾還打算用新型武器來要脅和恐嚇史達林，想要在戰爭結束時能夠多撈點好處，但是史達林的沉默只能讓他們將計畫作罷。

後來根據史達林的回憶，當時他沉默而淡定的神情都是裝出來的。實際上，他的心裡對杜魯門和邱吉爾的暗示是非常清楚的，但是他努力控制住了自己的情緒，採用了攻心的策略來消磨對方的銳氣。最終，邱吉爾和杜魯門沒有達到預期的目的，這正是由於他們自己在心理上已經認輸了。

毫無疑問，這是一場緊張而刺激的戰鬥，緊張情緒貫穿整個談判的過程，但是史達林用「沉默」贏得了勝利。

沉得住氣，才能爭一口氣

人與人之間的交流與互動，自始至終都包含著心理上的抗衡。要想說服一個人，就要了解對方的心路歷程和交流時的心理變化。如果我們能夠做到這些，基本上就達到了說服的目的。在溝通的過程中，如果我們能夠用沉默使對方不敢輕舉妄動，那應該也算是一種極高明的謀略。

在說服時，要學會以靜制動：**世上只有一種方法能讓一個人從爭辯中獲得最大的利益——那就是停止爭辯**。誰能夠沉得住氣，誰就搶占了先機，也就可以掌控整件事情的發展方向。

沉不住氣的人，在冷靜的人面前，往往會以失敗告終，因為急躁的心情控制了他們的頭腦，使他們不能冷靜的思考，沒有時間來考慮自己的處境和地位，更不會坐下來認真的思索真正的對策。

在一次商業談判中，美國商人向日本商人展示一個產品。剛開始時，美國公司的談判人員介紹自己公司的產品。他們利用了一切可能利用到的資源和形式，包括各種圖表以及報表，並且用三個投影機將最主要的資訊打在螢幕上，圖文並茂、言之鑿鑿。美國公司的介紹持續了將近三個小時。在此期間，日本公司的代表卻一言不發，十分安靜的看著美國公司進行展示。

等全部介紹結束以後，美國公司的主管充滿期待的問日本代表：「你們認為如何？」

日本公司的主管禮貌的笑了笑，微笑著回答道：「我們不明白。」當時美國公司的主管就接近崩潰了：「不明白是什麼意思？為什麼不明白？」日本公司的主管繼續淡定的說：「這一切我們都不明白。能麻煩你們重新展示一遍，好嗎？」

美國公司的主管一下子就慌了，於是在談判中落了下風，價格也被日本公司壓到了最低。

話說得多，並不一定具有殺傷力。通常**沉得住氣的人，往往可以掌控全局**。就像一個士兵，不可能在戰鬥一開始就射光所有的子彈。一個談判高手，也不應該一下子將所有的話都說完。據理力爭並不是一種十分明智的選擇，很可能會造成負面效果，相反的，如果能夠以不變應萬變，靜觀事態的發展，反而會收到意想不到的效果。

愛迪生發明了自動發報機後，打算賣掉這項發明，以便有資金建造一個實驗室。因為不熟悉市場行情，不知道這項發明到底能賣多少錢，愛迪生就和夫人瑪麗商量，但瑪麗在這方面也是個外行。

兩個人都很煩惱，不知道如何向別人報價。最後，瑪麗一咬牙，說：「就要兩萬美元吧，你想想看，建造一個實驗室至少要這麼多錢。」愛迪生說：「兩萬？太高了吧！」

瑪麗見愛迪生猶豫不決，就說：「要不然，我們在賣的時候先套套買家的口風，讓他主動開價，然後再見機行事。」

當時愛迪生雖然說不上家喻戶曉，但已經小有名氣。一位美國商人聽說愛迪生要賣自動發報機的製造技術，就主動上門詢問價錢。愛迪生堅持認為要價兩萬美元太高了，覺得難以啟齒，於是一直沉默不語。

商人催問了好幾次，愛迪生始終不好意思說出口。最後商人終於忍不住了，就說：「我給你開個價，十萬美元，你看怎麼樣？」

商人的報價讓愛迪生大喜過望，這個價格真是太出乎他的意料了，於是他和商人拍板成交。後來，愛迪生對妻子開玩笑說：「真沒想到我晚說了一會兒話就賺了八萬美元。」

成為一名說服高手，不一定要伶牙俐齒，但要懂得攻心的策略，懂得什麼時候該說、什麼時候不該說，尤其要知道，什麼時候該閉嘴。因此，**當我們急於去說服某個人時，反而要沉住氣，擺出從容不迫的姿態，學會以靜制動。**

在交流過程中，使用**短暫的沉默**，還**可以引起人們的注意力**。一般來說，人們一旦習慣了某一種連續而穩定的刺激，就會逐漸分散注意力。這種心理在人們談話時也是存在的，所以說，如果為了吸引對方的注意力，不妨試著短暫的「沉默」，稍微停頓一下。這樣一來，對方就會對你突然的沉默產生疑問，從而開始關注你們之間的談話。

演講高手也經常使用這個方法。在講臺上一言不發，只是看著臺下的聽眾，聽眾會認為他接下來要說什麼重要的事，就會把注意力放在他身上。當聽眾開始因不安而四處張望時，演講者覺得時機成熟，便滔滔不絕的說起來。短暫的沉默會讓對方感到不安，一旦不安解除，說服就會變得順其自然。而很多資深業務員也表示，適時的沉默經常讓他們做成大筆的交易。

所以，我們要知道，史達林的沉默說服法，關鍵不在於不說話，而在於**抓住恰當的時機不說話**。

4 遇到膽怯者，先用壞結果恐嚇他，或安撫他

說服他人玩的是心理戰術，告訴對方壞處，其實是最高明的心理戰術。

無論出於什麼理由，矇騙別人絕對不是好辦法。特別是在推銷過程中，不坦誠很容易破壞口碑。事實上，有的時候，強調一下不好的方面，讓人知道壞結果，反而會讓對方覺得我們更加真誠可信。人就是這樣，如果他們感覺到了你的真誠，開始信任你，那麼，他們被說服的可能性就會更大。

崔小姐從事房地產仲介工作，是某仲介公司的金牌業務員，她說服客戶的技巧非常高超。有一次，她迎來了一個客戶，在詳細徵詢過客戶的意見後，她很快拿出了自己的方案，為其挑選了房子。

「張先生，根據你的意見，這是我們公司目前最適合你的戶型了，」她指著沙盤模型說：「你看，這個社區不僅綠化很好，管理也很有規範。這裡最大的優勢是非常安靜。你剛才說，你特別喜歡安靜，所以這裡很適合你住。」

「是嗎？可是這麼好的房子，環境好，還帶裝潢，才賣五十多萬元？據我所知，這價格與市場價格相比，有些偏低！」客戶提出了自己內心的疑問。

崔小姐笑了：「張先生，這一點正是我要向你解釋的。這套房子各方面都好，唯一的缺點就是離市中心還有段距離，而且它的附近只有公車路線，沒有地鐵站，這會使你上、下班非常不方便。當然，如果有車，那就另當別論了。我可以坦白告訴你，之前有幾位先生也看中了這房子，可是因為交通不便，只好放棄了。」

客戶也笑了：「原來如此啊，怪不得這麼便宜！不過剛好我有車，那這個問題也就不成問題了。這房子，我要了！」

作為銷售員，如果揭自己的短，那無疑是搬石頭砸自己的腳，讓自己的客戶流失。但是崔小姐恰恰做了這樣的事情，她就是要把房子的缺陷說出來，還要把這個缺陷帶來的後果也說出來，她覺得這樣才是最好的說服方法。她的做法無疑是最正確的。雖然暴露了房子的缺陷，說出了後果，但也讓客戶感受到了真誠。

「自曝其短」更有說服力

所有人都是只喜歡好的結果，而不喜歡壞的結果。所以當結果未出現時，人人都希望出現好的結果，這是人們正常的心態，但這種心態會使很多人，尤其是那些已經預料到結果並不理想的說服者，不敢把壞的結果告訴對方。他們會認為告訴對方不好的結果，肯定會影響到「說服戰」的結局，這當然大大不妥。

但是人是一種奇怪的動物。人們對於那些舌燦蓮花、喋喋不休只講自己的好處、不講壞處的人，往往具有強烈的防備心理。如果我們講的全是好處，反而只會讓他們萌生退縮的念頭，不一定能取得最好的說服效果。

可是如果我們能夠適時說出壞處，那就又不一樣了。他們會覺得如果連這樣的壞處都能說出來，那我們一定是極其真誠了——他們甚至會產生一種放鬆的心理，覺得不會被欺騙。

說服他人玩的是心理戰術，只要能夠進入對方內心，那麼這場仗已經勝了一大半——**告訴對方壞處，其實是最高明的心理戰術**。

雖然不好的結果，對於每個人來說，都是不願意接受的，但我們都有這樣的感覺，就算心裡再不願意接受，還是會想知道真實情況。那麼，我們把不好的事情告訴對方，其實就是進入了對方的內心，從情感上對其展開了勸說。我們的潛臺詞是：「雖然事情會出現這樣的後果，但是我無意隱瞞你。我是真誠的，希望你能明白。」我們有理由相信，絕大多數人都能讀懂這樣的潛臺詞，也能感受到我們的真誠。如此一來，那些看似對我們不利的後果，就變成了我們說服對方的工具。

甚至，有的時候，我們可以有意識的渲染有可能出現的負面結果，使對方產生一種不安或者恐懼感。這會迫使對方放鬆自己的心理防線，最終被我們說服。

退休基金的業務員向一位客戶推銷自己的產品，其中一位業務員是這樣說的：「先生，如果你從現在開始，每個月存三千元，連續二十年下來，光本金就有七十二萬元！再加上利息和投資所得到的分紅，將更為可觀。二十年後，你就可以安心享受退休生活了。所以……。」

毫無疑問，大多數人聽到這種說法，都會有些心動，但是心動歸心動，這個過程需要投入大量的金錢，所以很少有人會有購買的衝動。

另一個業務員的說法不同，他是這樣說的：「先生，根據政府最新的一項統計，只有二〇％的老人擁有足夠的退休金，而八〇％的老人都必須依賴家人養活。現在的問題是，我們的下一代並不擅長儲蓄。根據另外一項統計，現在有儲蓄的年輕人還不到我們這一代人的一半。有鑑於這種情況，你說，我們能不好好規畫自己的退休基金嗎？」

結果這位業務員的推銷成功率很高。為什麼呢？因為老人要考慮自己的養老保障，沒有任何保障的晚年生活會讓他們特別恐慌，所以，渲染不好的後果，極有可能激發他們心中的恐慌和急迫感，從而使他們接受說服。

專家研究發現：當一個人聽完從正面結果的角度所做的宣傳後，他的情緒也會是正面、輕鬆甚至是愉悅的。在這種情緒和環境下，很少有人會受到刺激，產生改變現狀的心理衝動。這是潛藏在人內心深處的惰性所致。大多數人會在微笑認可以後繼續維持現狀，而不是採取行動。這自然會增加我們說服對方的難度。

與此相反，一個人在聽完負面結果後，會產生不安甚至恐懼的感覺。這個時候，大部分人會很想改變。我們需要在這個時候適時出現，提供給他們消除這種不良情緒的方案和希望。此時，說服對象一般會產生強大的行動力，而不是一笑置之後繼續維持現狀。

因此，不管是房地產推銷員，還是養老基金業務員，他們這個說服方法的關鍵，不在於亂說，而在於**抓住人的奇怪心理**。

5 勾起他的好奇心

想要說服別人，卻又找不到對方感興趣的話題時，不妨故意留下懸念，引起他對未知事物的好奇心。

當對方不想聽你的講述時，該怎麼辦呢？有一個故弄玄虛的方法就不錯，它能夠快速的激發對方的好奇心，從而幫助你順利打開溝通的大門。你也許會懷疑，故弄玄虛也能說服人？如果不相信，我們就來看一則故事吧：

王先生是一名工程師，他剛剛被調到一個新的工地。初來這個建築工地，王先生發現工地還在使用老式的測量儀，他很不習慣，就想讓工地整體換裝新式的測量儀。他找了工地負責人，向其說明了自己的想法。

出乎意料的是，工地負責人沒有接受王先生的建議，理由是整體換裝，就要重新學習使用測量儀，會耽誤工期。王先生不甘心，後來又向工地負責人提了幾次，都遭到對方的堅決反對，甚至到了後來，工地負責人一見到他，就會皺著眉說：「那件事不用再提了，我不同意！」

其實這種情況並不少見，很多像工地負責人這樣的領導者，都習慣透過反對別人的意見，來樹立自己的權威。面對固執的工地負責人，王先生洩氣了，怎麼樣才能說服他呢？

經過一番思索後，王先生想到一個辦法，決定試試。於是，王先生買了一個新式的測量儀，裝在口袋裡，然後拿著文件去參加會議。會議上，當大家討論問題時，他把那個新測量儀從口袋裡掏出來看來看去，看完之後又放進口袋裡，過了一會兒又拿出來看。就這樣反覆幾次之後，工地負責人的好奇心被勾了起來，他說：「王工程師，你口袋裡放的是什麼東西啊？你怎麼老是看它？」

王先生看了工地負責人一眼，說：「這個啊，就是一個測量儀。我發現它和咱們用的不大一樣，就多看了兩眼。」

工地負責人說：「哦，是嗎？就是你一直嘮叨的那種新式測量儀嗎？拿過來，我看看。」

王先生隨手又把測量儀裝進口袋裡，笑說：「沒什麼好看的，反正咱們部門也用不到。我就是發現它挺不錯的，就從別的部門那裡借了一個來看看，一會兒還要還別人的。」

王先生越是這樣說，工地負責人的好奇心越強。於是，他來到王工程師身邊，非要看看這個測量儀和老測量儀有什麼不同。王先生「拗」不過他，只得拿出測量儀給他看，並隨口介紹這個測量儀的優點。

隨著王先生的講解，工地負責人的眼睛越來越亮。最後，工地負責人瞇著眼睛說：「這麼方便的測量儀，為什麼不給我們部門配上呢？我們部門也需要用這種測量儀！」

王先生就是透過故弄玄虛，刺激工地負責人的好奇心，從而達成說服的目的。為什麼會如此？還是那句話：**未知的事物往往具有致命的吸引力**。巧妙的故弄玄虛，王先生讓新式測量儀很輕鬆的吸引了工地負責人的注意力。

想要說服別人，卻又找不到對方感興趣的話題時，不妨故意留下懸念，引起他對未知事物的好奇心。這對你的說服對象有著極強的吸引力。

好奇殺死一隻貓

有個日本人到英國留學，在換燈泡時，他發現燈泡的包裝紙上都有警告：不要把燈泡放進口中。他覺得非常奇怪，怎麼會有這樣的警告，誰會閒著沒事把燈泡放到嘴裡去呢？

有一天，他和印度同學聊天時談起了這件事。印度同學對他說：「我們那裡的燈泡上也是這麼印著，因為教科書上說，燈泡放進口中後便會卡住，無論用什麼辦法都拿不出來。」

聽了印度同學的話，這個日本人十分好奇，燈泡表面是光滑的，如果能夠放進口中，那麼就證明嘴巴足夠大，可以容許燈泡出入，理論上是可以拿出來的呀，怎麼會拿不出來呢？

於是，充滿好奇心和探索意識的日本人決定試驗一下。為了以防萬一，他還特地去買了一瓶菜油回家，以備卡住之後潤滑之用。

等到一切準備就緒，他二話不說便把燈泡放進口中。一切都十分順利，燈泡一下子就滑入了口中。進去之後，他想取出來，輕輕拉了一下，燈泡出不來。於是，他努力把嘴巴張大，還是拿不出。他連忙拿起菜油，往嘴裡倒，但還是沒有辦法。

最終，一瓶菜油基本上都進了肚子，燈泡還在嘴裡。沒辦法，他只好打電話向醫院求救。但是，當他拿起電話時才發現，自己根本不能開口說話。於是，他寫了一張紙條，找鄰居幫忙。

鄰居看到他那個樣子，覺得非常好笑。笑過之後，鄰居幫他打電話叫計程車司機。計程車司機看到他的樣子，也笑得渾身亂顫，說：「你這傢伙的嘴巴太小，如果是我的話，一定可以拿出來。」

到了醫院，醫院裡的病人和醫生看到他，也都笑得岔了氣。最終醫生把燈泡敲碎才拿出來，並警告他下回不要再試了。

就在他滿臉通紅的開門離開醫院時，迎面走進來一個人。他仔細一看，就是剛才載他的那個計程車司機……那傢伙的口中也含著一個燈泡！

看完這個故事，你心裡會不會也有一種衝動：「我也來試試，看到底拿不拿得出來？」你為什麼也想試，是因為你也想知道到底卡不卡得住嗎？人的好奇心就是這樣來的。

好奇心能夠引起人們去探索不知道的事物，但是，這種探索是有利有弊的，既可以讓人們去做好的事情，也能驅使人們去做不好的事情。因而，正確利用人們的好奇心，讓他們的行動沿著我們需要的方向發展就非常重要。

有一天，有家報紙的一整個版面幾乎全部是空白，讀者以為是漏印了。於是找賣報的商家理論，商家表示沒有漏印，然後指點讀者仔細看，讀者這才發現，大幅空白之中，印著一個小紅點，還有三個字母「ＨＢＣ」。

這讓讀者覺得莫名其妙，只好加倍注意該報第二天的舉動。可是第二天、第三天，到了第四天，該報卻依然如此。於是，引起了越來越多人的注意。無數讀者寫信或打電話質問編輯：「你們這是搞什麼名堂？這『ＨＢＣ』又到底是什麼東西？」

過了一個星期，該報以整版的篇幅刊登了「ＨＢＣ」的廣告。原來

「HBC」是一個新型手錶的牌子，紅點是手錶中的紅色日曆。

接著「HBC」手錶的強大廣告攻勢開始了。報紙、刊物、電視、路牌，甚至連霓虹燈都在宣傳，形成鋪天蓋地的洪流，凶猛的湧入每個人的眼裡，於是市民們很快接受了它。

「HBC」廣告說服策略，就在於吊胃口，引發人們的好奇心。越吊胃口，就越讓人們關注：大家都想知道，這是怎麼一回事？如果HBC直接在報紙上做廣告，可能根本引不起人們的注意。如今，吊胃口以製造神祕，基本上成了廠商吸引顧客的必勝絕技。

透過獨特的行銷方式，引發人們的好奇感，往往能收到令人意想不到的效果。當然，前提條件是商品的品質必須夠好，否則僅靠「奇特」的招數譁眾取寵，無法讓生意長久興隆。

有一位人壽保險推銷員在名片上印著「七六六〇〇」，每個顧客看到這個數字後都感到奇怪，問他這個數字是什麼意思，他反問顧客：「你一生中吃多少頓飯？」那些人都答不出來，推銷員得意的說：「七萬六千六百頓嘛！假定退休年齡是五十五歲，按照人的平均壽命計算，退休之後還剩下大約十九年的飯，即兩萬零八百零五頓……」然後推銷員開始了他的演講。

推銷員透過特別的技巧，製造神祕氣氛，引起對方的好奇，然後在解答疑問時，很巧妙的把產品介紹給顧客，這樣顧客就會很容易接受你的產品。比起一上來就滔滔不絕的介紹產品，效果要好得多。

心理學研究顯示，**好奇是人類行為的基本動機之一**。美國一位從事心理學研究的教授說：「好奇與探索似乎是人的天性，神祕的事物往往是大家普遍關注的對象。」那些人們不熟悉、不知道或與眾不同的東西，往往會引起人們的注意，若你懂得利用人人皆有的好奇心，就可以提升說服力。

所以，工地工程師說服方法的關鍵，不在於故弄玄虛，而在於**引起說服對象的好奇心，然後伺機進行說服**。

第八章

安慰、批評、道歉時，話不要多，要攻心

說服的範疇是很廣的，不只是用於商品推銷，也不只是用於開會，事實上，它早已經深入到生活和工作的各個方面，如安慰、批評、拒絕、道歉、交涉等。甚至可以說：「若你缺乏說服力，在生活和工作的諸多方面都難免會遭遇不順。」

本章將為你介紹現實生活中最常見的幾個應用，告訴你該如何去安慰、批評、拒絕、道歉和交涉，才會更有說服力。在學習和使用這些方法時，尤其需要注意多加思考，絕不可按部就班，應根據實際情況，靈活運用。

1 不要安慰，對方的心情反而好些

不要對他們下判斷，不要心想他們正在受苦，反而要給予他們空間做自己、並認同自己的感覺。

當別人遇到不幸時，該如何進行安慰，而不用擔心說錯話呢？例如，某個朋友生病，到醫院或他家看他，一般會說：「安心休養吧，別想太多，一定會康復的。」或許，你以為這是最完美的安慰了。但這些話不過是一種電視上常見的善意客套話，不能算是說到對方心裡的真心安慰。

如果這兩句話是出自醫生或陌生人口中，或許沒有不妥。但如果這位病人是你人生或生活中很重要的人，你就不能用這種類似「路人甲」的臺詞了。那麼，安慰別人時到底應該怎麼說？

假設你的朋友躺在病床上不能走路，但精神很好。那麼你去探病時就不一定要說什麼安慰的話，有可能那些話他已經聽得厭煩了。事實上，**病榻生活是相當枯燥的，這時為他說說社會上的新聞、公司裡的趣聞，或者網路上的笑話，也許就是給他最大的安慰了**。

表面上，你沒有對對方做出任何心理上的安慰，也沒有表現出對他的病情很緊張的樣子，但事實上，你分析了他內心的最大需求，直接給他歡樂和情報，應該算是給予對方你的關心了。

如果你一定要說幾句安慰的話，也不要表現出憐憫的神情，沒有幾個人願意接受別人憐憫的眼光。你越是同情他，就越讓他覺得自己得病是一種痛苦和悲哀。不妨換一種說法看看。

比如：「唉！現在我都有點兒羨慕你了，有時間休息！我每天都快忙死了，也想生點病，好讓自己安靜的躺在床上休息幾天。」聽到這種話，對方也許會說：「就你會說，你是不知道生病的苦，我倒是想去工作呢。」心中憂慮也會散去不少。

如果朋友承受不了生活的折磨，無助的痛哭，這時，與其勸對方不要哭，還不如就讓他好好的哭一場，宣洩一下悲傷的情緒。然後你再說幾句貼心話，他才聽得進去。

如果你只會說：「你這點苦算什麼呢？何必這麼煩惱啊？」你不僅沒有給他安慰，反而會讓他很不爽，甚至生氣。因為他心裡一定會想：「我的苦你懂什麼？只會說風涼話，難道我是為了小事自尋煩惱嗎？」

給他空間去做自己——認同他自己的感覺

在別人遇到不幸的事情，需要安慰時，如果你不知道說什麼好，那麼就不要亂講。否則安慰朋友不成，反而多了一個敵人。特別是在沒有弄清楚對方憂慮和煩惱的原因時，不要隨便亂說話，不要急於下判斷，特別不要輕易表達「反對」的意見，我們最好**弄清楚事情的經過再說**。

有的人為高考落榜而沮喪、有的人為工作失敗而苦惱、也有的人為失戀而鬱鬱寡歡……人們有各式各樣的煩惱，而**消除這些煩惱的最快方法就是將煩惱說出來**。煩惱如果不說出來，一直憋在心裡，問題是永遠無法解決的。

解決他人煩惱的心理諮詢機構，最重要的任務就是使交談者能夠把憋在心裡的話說出來，讓談話者說出他想說的，一旦把內心的煩惱都傾吐出來，問題就解決了一半。

這種心理諮詢的方法，也可以在日常生活中加以應用。把自己的煩惱坦白的告訴自己周圍的人，也可以寫信給親密的朋友或戀人。

以下是一些安慰他人的技巧：

1 學會聆聽，不評斷。

聆聽不是保持沉默，而是仔細的聽對方說了什麼、沒說什麼，以及話裡真正的含意。聆聽，是用我們的耳和心去聽對方的聲音，不去追問事情的前因後果。當對方把煩惱說出來，心情就會好很多。

2 問清楚，讓他說更多。

對話時，如果我們沒有聽懂對方的話，一定要停頓下來，問問對方，把問題弄清楚。安慰的藝術，在於「**在適當的時機，說適當的話**」，以及「**不在一時衝動下，說出不該說的話**」。

3 讓對方盡情的哭泣。

我們應該認同對方的痛苦，但不要試圖快速驅散他的痛苦。要允許對方哭泣。**哭泣是人體將情緒毒素排出體外的一種基本方式**。所以，請別急著拿面紙給對方，只要讓他知道你的心意就夠了。

4 感同身受——「我懂」。

不要忘記，對方也會察覺到我們內心的波動。面對面的安慰人，效果如何同我們內心真正的狀態有很大的關聯。如果我們對他的遭遇感同身受，不僅會分擔對方的痛苦，也須忍受自己內心的煎熬。而對被安慰者而言，這種感同身受的表現與安慰，就是給予他們最好的禮物。

5 坦誠表達你的感受。

當我們因不知道該說什麼而感到困窘時，或當對方對我們說：「你根本不明白我的感受」時，我們可以老實的說：「我不明白你的感受，不知道自己該說什麼，但是我真的關心你。」

6 設身處地——「換成是我，我會……」。

當我們問別人「有沒有我可以幫忙的地方」時，有時候我們能得到答案，有時候對方也不知道自己需要什麼樣的幫忙，而有的時候，他們會無法開口說出自己真正的需要。這時，你應該設身處地去思考他們到底需要什麼樣的幫忙。

7 別糾正他。

在對方遭受痛苦時，即使我們有過類似的經歷，也無法百分之百的了解別人的感受，但我們可以用自己的感受去關懷對方。這樣做，切記須先耐心的聽完別人的故事，再想想有沒有必要和對方分享自己的故事，分享的結果是否對對方有益？考慮清楚後再做決定。

最後要特別提醒你的是，在安慰他人的過程中，當對方提出一些我們不同意的意見時，不要直接反對，你可以換個話題。給予安慰並不是告訴別人：「你應該覺得……」，或是「你不應該覺得……」，人們有權利保有自己的感覺。安慰他人時，不要對他們下判斷，不要心想他們正在受苦、需要接受幫忙，而應該給予他們空間去做自己、並認同自己的感覺。

2 這樣批評，人家才有可能接受

先肯定對方的成績和優點，再提醒對方要注意的事情，這樣的批評會更容易讓人接受。

心理學家指出，因為好的行為而受到獎賞的人，學習速度更快，記憶的持續力也更久；因為壞的行為而受到處罰的人，則速度和持續力都比較差。許多的證據顯示，我們總是希望得到別人的讚揚，同樣，我們也都害怕受人指責。很多時候批評不但於事無補，反而招致憤恨。

如果你的目的只是說服，那麼請記住一句智慧之言：在你的批評、責備之語衝出口之前，一定要三思，因為**盲目的批評和指責很難達到我們所要的效果，批評的效果遠不如耐心的、心平氣和的說服。**

把命令的口氣變成建議的口氣

盲目的批評使人心生防備，並為自己的錯誤而辯護；它常常傷害一個人寶貴的自尊、傷害一個人的自重感，並激起他的反抗；它所帶來的羞憤，常常使你的親人和朋友的情緒大為低落。

一九〇八年，羅斯福（Roosevelt）走出白宮，到非洲去狩獵獅子，同為共和黨人的塔夫脫（Taft）當選為總統。當羅斯福回到美國後看到塔夫脫的保守作風，不禁暴跳如雷。羅斯福開始公開批評塔夫脫，還準備再度出來競選總統，並打算另組「進步黨」。這幾乎導致共和黨的瓦解。

結果，在接下來的選舉中，共和黨只贏得了兩個區的選票——佛蒙特州和猶他州，這是共和黨有史以來最大的慘敗。

面對羅斯福的指責，塔夫脫是否承認自己的錯誤呢？當然沒有，他辯解道：「我不知道所做的一切有什麼不對。」

既然批評會帶來負面效果，那麼，我們還需要批評嗎？當然需要，只不過我們要注意批評的方式。如果我們能夠採取恰當的批評方式，不僅能夠化解衝突和矛盾，還能讓人心甘情願的接受批評。

批評遭到拒絕的原因只有兩種：第一，批評者不了解當事人的處境和造成錯誤的原因，使當事人感到委屈；第二，批評者站在權威性或高人一等的立場，使當事人感到自尊心受挫，而對批評者產生強烈的反感。不管是哪種原因，實際上都是由於批評者不講求說話的技巧而造成的。

安全檢查員喬先生到工地時，發現有些工人沒有戴安全帽。一開始看到這種情況，他就會立即批評他們，並且命令他們立刻將安全帽戴上。但是結果並不理想。雖然工人們當時接受了他的批評，服從他的命令，戴上了安全帽，但是等到他一離開，工人又會將安全帽摘掉。

經過幾次這樣的事情後，喬先生不得不改變自己的做法。當他再看見工人沒有戴安全帽時，他會微笑著詢問對方，是不是安全帽戴在頭上不舒服？大小不合適？然後，他會對工人講述安全帽的重要性，建議他們為了自己的安全而戴上安全帽。結果，所有的工人在工作時再也不會忘記戴安全帽了。

為什麼喬先生一開始時批評效果不好，但後來卻成功的說服了工人呢？因為他掌握了正確的批評技巧，**把命令的口氣變成建議的口氣**。採用恰當的說服方式進行批評，將使你的意見更有說服力，更讓人接受。

先肯定再建議

陳總發現員工老梁最近頻頻出錯，工作效率和業績每況愈下。陳總並沒有對老梁發出嚴厲的批評，而是趁中午午休辦公室裡沒有人時，把老梁叫到了辦公室。

陳總對老梁說：「老梁啊，好久沒有和你好好聊聊天了，今天中午我正好不睏，就占用你一些午休時間，咱倆好好聊聊！」

老梁笑了笑說：「哦，好的。」

陳總說：「老梁，你是一位非常出色的工程師，來公司好幾年了，對公司做出的貢獻，咱們公司所有人有目共睹：你設計出的圖紙讓客戶非常滿意，並因此為公司帶來了很大的利益。對此，我代表公司謝謝你！」

說著，陳總停頓了一下，繼續說道：「只是最近，我感覺你出了一些狀況。你完成一個工程圖所需的時間好像延長了，而且品質也達不到以前的高水準，所以，我有些擔心，怕你遇到什麼困難。如果你遇到了什麼難題，一定要告訴我，我們大家共同來解決……老實說，老闆對你現在的這種狀況不太滿意，因為他們對你有更高的期望，所以，如果你真有什麼難題無法解決的話，就說出來吧！大家幫你一起想想辦法！」

老梁說：「沒有什麼難題，只是我最近在工作上有些新的想法，這些想法導致我的工作進度變慢了，還好我現在已經摸索出來了。很快，我的工作效率會再上一個臺階，你就放心吧！非常感謝你和公司老闆對我的信任，我一定會努力工作，不辜負大家的厚望。」

看，問題輕鬆解決！陳總肯定了老梁以往的成績。雖然是批評，但他的批評讓老梁很感動。能得到主管如此賞識，老梁自然覺得高興，毫無疑問，他會做得比以前更好。

如果陳總沒有採取這種說服方式，而是把老梁叫到辦公室狠狠的批評一頓，會出現什麼樣的情形？作為主管，這樣做是很正常的。但作為部屬，聽到這樣的批評，內心肯定不好受，脾氣稍微不好的人，甚至可能根本不做解釋，拍拍屁股走人了事。

陳總沒有直接發表批評，而是採用了委婉的說服方法，不僅達到了批評的效果，同時又避免了負面影響，取得了非常好的效果。這是值得我們學習的做法：**先肯定對方的成績和優點，然後再提醒對方要注意的事情，這樣的批評會更容易讓人接受**。

某老闆曾有一位比較粗心的女祕書。有一次，他又發現女祕書給自己的公文中出現了一些錯誤。他有些生氣，但並沒有直接批評她，而是對她說：「妳今天穿的衣服真好看，它使妳看起來既年輕又漂亮。」老闆的稱讚讓女祕書受寵若驚，因為她知道老闆很少讚美別人。

看到她滿面笑容，老闆接著說：「但妳不要驕傲，我相信妳處理起公文來，也能和妳的穿著一樣漂亮。」果然，從那天起，女祕書在處理公文時就很少出錯了。

當一個人受到稱讚以後，他再去聽一些建議，會更容易接受——那事先的稱讚就如同苦澀藥丸外面的糖衣一樣，包裹著批評，使得批評不再那麼讓人排斥。因此，無論在什麼樣的情形下，想走近別人，首先就要學會從讚美開始。讚美會給他人一個好心情，使雙方很快打成一片。在這樣的情形之下，說服計畫將會很容易進行下去。

總而言之，批評不是洩憤，不能亂來，若你批評的目的，是為了讓對方改正錯誤，那麼你就應該想辦法，讓對方更願意去接受你，而不是更討厭你。以下方法可供參考：

- 對人懷抱同情心，這樣就不會對人吹毛求疵，反而會對其產生錯誤的原因加以諒解。而且，我們要時刻保持和對方站在同一立場的心態。
- 說話要溫和委婉，杜絕用刺激性或使人聽了不舒服的字眼。如果語氣令人無法接受，即使對方表面上接受了，心裡也會不服氣。

▼ **糾正他人的錯誤時說得越少越好**，最好是一、兩句話就能使對方明白，然後將話題轉到其他方面，不能喋喋不休，讓對方產生窘迫甚至反感之情。

▼ 面對別人的錯誤，我們加以指正是應該的，但同時更應該對其正確之處進行肯定或讚揚。這樣才能使對方心理平衡，心悅誠服。

▼ 在說服他人之前，最好的辦法是讓對方不知不覺的認可自己的想法，讓他覺得是他自己改正了，而不是在你批評之後改正了，這一點非常重要。

▼ 對於別人出現的不可挽回的過失，應該站在朋友的立場上懇切的指出來，使他真心的意識到自己的錯誤並改正，而不應該一味的指責。

▼ 語氣非常重要，**指出別人的錯誤時最好用請教式的溫和語氣**，沒有任何人願意接受他人自上而下的命令式的口吻。

▼ 批評不一定要直言不諱，隱祕的指出他人的錯誤，能維護對方的自尊心，使他自覺的改正過失。

3 不傷和氣、不得罪人的拒絕術

用客觀的因素拒絕別人，而不要使用主觀看法去拒絕。理由充分，拒絕自然便有說服力。

生活中，難免會遇到需要拒絕他人的事情，若不拒絕，可能我們就會累死。若要拒絕，該採用什麼方式，又該怎樣去表達呢？

首先，要拒絕，得有一個恰當而充分的理由。如果你的**理由充分，拒絕自然有說服力**；相反的，若是理由不夠充分，或者不恰當，便會造成尷尬。

例如，編輯人員常常會為拒絕作者的來稿而大傷腦筋。不管稿件好不好，都是作者的心血，所以，怎樣做才能不傷害對方呢？如果你直接對作者說：「水準不夠」、「沒有出版價值」之類的話，就會惹惱作者。

這時可以說：「你的文章和公司讀者的層次不太符合，如果符合公司讀者的層次，我一定優先處理你的稿子」、「某某出版社可能很歡迎這樣的稿子」等，不否定稿子本身，而是勸他選擇其他辦法。如此拒絕，自然可避免尷尬狀況出現。

由此可見，充分而恰當的理由，對於拒絕來說是多麼重要。當你為拒絕別人，而使用理由時，一定要注意。另外，在選擇理由時，盡量用**客觀**方面的因素拒絕別人，不要使用主觀看法去拒絕。

如工作忙碌、時間不允許、身體狀況欠佳等客觀因素，是可以明確告知對方的。例如：「我必須把明天的演講報告趕出來，實在沒時間幫你。」、「我現在正趕著去外地出差，幫不上你的忙。」這樣的拒絕理由誠懇而真實，足以讓對方放棄對你的期望。

而一些主觀因素，例如對美醜的評判，或毫無緣由就是不想幫忙等理由，說出來不僅難以讓對方接受，還會破壞雙方的交情，甚至引發對方的怨恨和不滿，最終導致人際關係破裂，使雙方陷入尷尬的境地。

下面是幾個經常用於拒絕的理由，提供參考：

1 迷信。

採取自己所迷信的這一類事物來做藉口，絕對是一個好方法。有的人會用「運氣不好」、「不吉利」之類的理由來拒絕朋友的投資要求。

通常在你採用這種理由來拒絕時，對方很可能會說：「現在都什麼時代了，還相信這個，要相信科學。」你只需要笑一笑就可以了，最好不要進行過多的解釋——因為你的目的不是說服對方相信「運氣之說」。

有的人為了加強拒絕理由的力道，會繼續解釋：「我不是不相信科學，只是運氣一說，也不是沒有道理的……」然後大談特談自己對運氣的看法，說什麼「寧可信其有，不可信其無」之類的話，這等於畫蛇添足，很容易讓人厭煩。

為什麼會如此？因為對方向你提出要求時，最想得到的，不是你的解釋，而是你的肯定回答。洋洋灑灑的解釋，只會讓人心生怨忿，要是遇上性子急的，甚至會直接爆粗口：「你講什麼廢話啊，行就行，不行就不行，哪那麼多嘰嘰歪歪的理由？」

因此，解釋不要太多，點到即止便可。至於運氣一說之真假，存而不論，不必多做解釋。

2「最近很忙」。

在使用這個理由時，一定要將理由描述得具體一些，不要空泛而談，例如：「我現在忙得昏天黑地的，根本沒有時間啊，明天還要去北京出差，恐怕沒辦法幫你了。」、「我今天約了〇〇談業務上的事，然後要帶他去施工現場看看，大概要很晚才能回來。」

有的時候，你還可以適度的誇張一下自己忙碌的工作狀態：「再這麼幹下去，我就真的要崩潰了！」或「希望弄完時，我還不至於變成木乃伊！」這樣的話明顯誇大了事實，但它的說服力也不弱。

除了上面兩個常見的理由，還有其他一些理由，比如生病、堵車之類的，只是要看你用在什麼地方，怎麼用。

拒絕可以不失禮，別當濫好人

其次，拒絕時若想不使人感到尷尬，還必須注意恰當的表達方式。同樣的意思，用不同的方式表達出來，給人的感受是不一樣的。你可以比較一下：「我認為你這種說法不對」與「我不認為你這種說法是對的」、「你覺得這樣不好」與「我覺得這樣好」這兩種表達方式。我們不難發現，儘管前後的意思是一樣的，但在拒絕別人時，顯然是後者更為委婉，較易為人所接受，不像前者那樣有咄咄逼人之勢。

1 在拒絕之前，先肯定對方的觀點。

有位攝影師很有名，某機構邀請她加入，她委婉的說：「承蒙邀請，我感到非常榮幸。我對貴公司在攝影界的影響力也十分欽敬，可是我目前的工作實在太忙，無法分身，你的美意我只能心領了。」先抬高對方的地位，讓人感覺受用，接下來的拒絕，也就不會讓人不舒服了。

有些老闆特別擅長這樣的拒絕，他最常用的語句就是：「這個提議非常好，但目前我們還不宜採用。」、「好主意，不過我們恐怕一時還不能實行。」先肯定對方的建議和要求的某些方面有可取之處，這可以避免傷害對方的感情，而用「目前」、「一時」等字眼，則表示還未完全拒絕，也能讓人有所期待。

有人邀請你週休假日去郊遊，但你已做了安排，怎樣委婉拒絕他呢？你可以說：「郊遊？太棒了！我早就想和你一起到郊外玩了，可是……」由於你對沒有答應他的要求表示了遺憾，他雖遭到拒絕，但心裡還是會理解你的。

又比如，別人要增加你的工作量，你拒絕時，可以說：「沒問題，但是我現在的任務就像一座山一樣。你能不能過一個月左右再來找我？」這種回答表面上沒有斷然的拒絕，而是把主動權交到對方的手中，實際上已經拒絕了對方。

2 讓對方知道：我不是不幫你，而是幫不了。

例如，有人託你辦事，你不好當面拒絕，便可以說：「我們是集體領導，我不是唯一的負責人。像你的事，需要大家討論，才能決定。不過，這件事恐怕很難通過，最好還是別抱什麼希望。」對方聽到這樣的話，通常就會無奈的說：「那好吧，既然是這樣，我也不難為你了。」

3 答非所問。

對方說：「此事你能不能幫忙？」你可以說：「我一會兒要去參加一個重要

的會議。」這種答非所問的回話，要比你直接說「不行」好得多。對方會從你的言語中感受到，他的請託得不到你的幫助，只好採取別的辦法。

4 使用商量的語氣。

在拒絕時，你可以讓自己的話聽起來委婉，可以採用商量的語氣。比如，有人邀請你參加某集會，而你有事纏身無法接受邀請，你可以說：「太對不起了，我今天的確太忙了，下個星期日行嗎？」這句話要比直接拒絕別人好得多。

5 要明確的拒絕，不要讓人誤解。

如果你的拒絕表達得不夠明確，很可能讓人充滿希望，或者誤以為你答應了，這樣就可能會造成嚴重的後果。當然，在明確的表達拒絕時，措辭可以委婉一些，但一定要讓對方一下子就能明白我們說「不」的意圖。

例如：「非常抱歉，這件事我恐怕無能為力。」、「很對不起，這件事我實在幫不上忙。」、「我最近實在很忙，我也不想耽誤你，你最好還是找別人幫忙。」、「或許你可以去找○○，我是肯定幫不了你的。」、「我非常想幫你，但對這件事我實在是不在行，一旦不成，既耽誤了事情，又浪費了你的時間。你不如找一個更穩妥的人幫你。」

4 道歉要先安撫人心，再處理事情

最佳道歉時機是在犯錯後的十分鐘至兩天之內。如果不適合在當下道歉，也不宜將時間拖得過久，最晚不要超過一週。

很多人可能並沒意識到，道歉也是一門學問。如果可以真誠、適時、適度的表達歉意，不僅可以展現個人的素養，也可以產生說服效果，對他人起到一定的激勵作用。

在路邊攤上，有一位客人在吃飯。他吃了幾口後，突然往旁邊吐出幾粒生米。老闆看見後，很不好意思的說：「今天米飯煮得比較急，好像有些夾生，你是不是吃了很多生米？」

本來有點生氣的客人懊惱的搖頭說：「沒有關係，也有很多熟米。」後來，這位客人還是來這裡吃飯，因為他覺得這位老闆是個厚道人。

當我們做錯了某件事情時，大可不必迴避過失，相反的，坦然道歉並即時改正才算領悟了說服力的精髓。主動承認錯誤，你會得到更多。即便你得不到更多的好處，一句道歉，最起碼可以消除人家心裡的不快。

而假裝不在意或者走堅持不道歉的強硬路線，不僅無助於保住個人的影響力，效果還適得其反，倘若還找藉口搪塞，更會遭到別人的鄙視。當然，並不是說，你道歉了，就一定能夠得到別人的原諒。如果不注意道歉的表達方式和態度，同樣會惹人反感。

有個人在一家一流的銀行裡當主管，每次參加同學聚會時都會遲到，也許是想讓大家覺得他的身分地位不同了。

每次遲到，他都會說：「不好意思，我剛才有一個管理層的緊急會議。」或者「公司的司機不怎麼熟悉這裡的路。」然後擺出一副「我和你們不一樣，我很忙，本來今天都不能來了」的架勢。

這種擺派頭的做法只會讓同學們都皺眉頭。因此，同學們對他的評價很不好，覺得他看不起人，甚至還會有人咒他：「那副德行，早晚有摔下來的一天！」

而另外一位，他雖然也遲到了，卻沒有人對他有意見。非但沒有意見，大家還很同情他。他是一家證券公司的管理人員。

有一次，他遲到了一個小時。他是這樣道歉的：「實在對不起，說起來都不好意思。現在證券業不好做，今天又出了件麻煩事。公司不景氣，不能隨便用車，坐地鐵換車又換錯了。真是對不起大家了！」

聽了他的這一番解釋，其他人心裡難免會犯嘀咕：「真的還是假的呀？」但也不會生氣。甚至一些人還會報以同情，發出感嘆：「唉，真是不容易呀！現在大家都不容易啊！」

不去為自己找一些冠冕堂皇的藉口，而是把自己的失敗、不如意告訴大家。大家會想：「原來證券公司的主管和自己一樣會犯錯誤，也不容易呀！」於是大家的心理也就平衡了。

同樣是道歉，但是因為解釋的方式不同，一個引起大家的反感，而另一個卻贏得了同情。所以，在道歉時，一定要注意方式和態度，如此才能得到大家的原諒。

這樣表達道歉最能被接受

下面是道歉時需要注意的幾個要點：

1 道歉要及時——「當下」最好。

做錯事後不應過急或太遲做出道歉，**最佳道歉時機是在犯錯後的十分鐘至兩天之內**。如果有些客觀因素導致不適合在當下道歉，也不宜將時間拖得過久，最晚不要超過一週。否則，一旦對方心中的積怨已深，那麼你的道歉效果將會大打折扣。但如果雙方都在氣頭上，立刻道歉的效果也好不到哪裡去。在冷靜過後的第一時間道歉，才是最為理想的選擇。

2 可以用這樣的句型：「剛才的事情是我的態度不好，我真誠的向你道歉……」。

在你的道歉中，要包含幾個元素：第一，**勇於承認自己的過失**，不找藉口；第二，**認同對方的情緒**，因為認同感會起到緩解「疼痛」的作用；第三，**真誠的道歉後，試著給出補救辦法**。

3 「好嘛，我向你道歉嘛」還不如沒道歉。

千萬不要一副「我都向你道歉了，你還想怎樣」的態度，那麼對方反而會更反感你的行為。**態度，決定了道歉的效果**，哪怕是一句「我很抱歉……」。

4 選擇適當的道歉方式。

如果錯誤對工作造成了一定的影響，那麼比較適合在會議這樣的公開場合上進行道歉。這不僅有助於表達你的實事求是的工作態度，還有利於彌補和推進工作的進展。而對於私人之間的摩擦，比如：因為某種態度、用詞不妥、溝通不暢而導致的誤會，可以選擇電話，或電子郵件的方式進行溝通，或者是私下進行面對面的交流，效果會更好一些。

尤其對於行事低調和內斂的人來說，在私下的空間，能讓雙方在較平靜的狀態下進行溝通。這樣既不會在公眾面前張揚和放大彼此之間的恩怨，也可以使彼此之間的私人感情慢慢培養起來。

5「道歉」不等於接受你的「解釋」。

請不要忘了，別人只有義務接受你的道歉，可**沒有義務連帶你的解釋一同接納**。所以，關於那些你為什麼會犯錯、當時受到哪些不可控因素的限制等的解釋，不必詳說，哪怕其實你已經做了應急處理將損失降低到最小化，也請你收起所有的委屈和藉口，道歉就是道歉，你為錯的那部分道歉是完全必要而且合理的。至於其他的問題，你可以重新找機會和對方溝通。

6簡短有力，不過度道歉。

每個人對於他人犯錯後的態度不盡相同。有的人會表現得豁達和體諒，相信對方會自省；而有的人會氣急敗壞，故意把事情鬧大，甚至提出無理的要求。因此，道歉也需要把握「度」，要點到為止而不宜太過自責和誇大，免得對方得理不饒人，對你不依不饒，甚至故意要脅你。道歉只要簡短有力即可，而接下來的著力點就是你的解決辦法。

7 用清楚而正確的語言，而非煽動性的文字。

通常，受傷害者要的無非是你承認錯誤，並且表明以後不會再發生此類傷害。因此，如果用文字去道歉時，必須注意避免過多情緒性的字眼，在這個時候不適合煽情，因為那對你們並沒有幫助，還可能讓人覺得你的誠意不夠。

比如，有的人擺出一副淒淒慘慘的樣子去道歉，實際上很讓人討厭，雖然這樣可能會讓人放過你的過失，但是同樣會讓人討厭你並遠離你。道歉的重點在於：**發出清楚、直接、誠懇的道歉訊息**。

8 不要立刻自以為是的做出自我批評。

對自己做出嚴厲的自我批評，有時可以讓你得到好評，有時只會弄巧成拙，讓人覺得你很矯情。因此，不要隨便做自我批評，而應**在道歉之餘，主動徵求對方有沒有好的解決方案**。

9 給對方發洩不滿的機會。

不要光顧著自己的道歉，而應盡量讓對方說出對你的不滿之處，這總比積壓在心裡強。道歉可以說是一個最好的契機，可以讓對方儘快釋放出心理垃圾，否則不滿淤積在胸中，數年不散，你們將永遠保持著貌合神離的狀態。

道歉是一門說服的藝術。事情可能會有壞結果、產品可能會有缺點，一個人也會有做錯事情時。若你犯了某種錯誤，但是能夠坦誠的話，往往會得到別人的信任。

5 妥協、讓步、破局都是好結果

在交涉、談判過程中，讓對方保住面子，有利於達成說服，你要時刻傳達相互理解、相互體諒的觀念。

想要獲得交涉的成功，必須具備說服思維。但並不是一味遵照那些談判指導書上的邏輯，那樣往往會注重強勢，或者雙贏，其實這樣的思維，反而限制了說服的可能性。妥協、讓步也可能帶來好結果。因此，談判最重要的素質是隨機應變，靈活運用各種交涉方法，努力達成說服的目的。

1 訴說一個可能出現的例外情況，讓人無可辯駁。

有一位顧客到某商店退換一件高級襯衫，她聲稱這件衣服沒有穿過，主要是因為她丈夫不喜歡。但是營業員發現這件襯衫有汙痕，於是說：「按照我們公司的規定，衣服已經穿過了，是不能退換的。」顧客一聽，不肯承認，大聲嚷嚷：「哪裡穿過啊？我根本就沒有動過這件衣服。」

營業員沒有和對方爭辯，而選擇了退一步說話的方式：「妳可能是沒有動過，或許妳不在家時，妳家裡哪個人穿過它，妳看這汙痕表示是有人穿過的。我也經常遇到這樣的事，買回家好好的衣服，第二天就被我老公弄髒了。」營業員這樣一說，既表達了拒絕退換衣服的意思，同時也給顧客留了一個臺階。

那位顧客想了想，覺得營業員這番話很有道理，便說：「難道真的穿過了？我回去問問他。」說著，顧客拿起衣服，走了。

2 動之以情，曉之以理。

小陸是一名大學生，功課優秀、多才多藝，尤愛書法，其在書法上的造詣很高。有一次，學校舉辦大學生書法比賽。小陸參賽了，以他的水準，通過初賽肯定沒有問題。然而事情出乎意料，公布複賽名單時，榜上卻沒有他的名字！

小陸很驚異，他認為其中必定有問題。於是，他就找了負責這次書法大賽的王主任，把自己的情況反映上去。然而，王主任發火了：「沒有上榜，那就只能說明是你水準不夠。你現在最應該做的，是回去好好練習，而不是跑到這裡來胡鬧！」

王主任的批評很嚴厲，讓小陸一度懷疑自己的水準，但是很快又堅定了自己的信心，他決定說服王主任，重新檢查自己的評分情況。

他說：「主任，對於一個熱愛書法的人來說，這樣的比賽很重要。它對於我來說是一次證明自己的機會。榜上無名，就是水準不夠，只有這一種可能？難道就不可能是評委們出錯？我相信自己的水準，也相信評委的水準，可是人都會有疏忽時，為什麼我們不用事實說話呢？我想核對一下，那樣的話，一切就都一清二楚了。」

王主任想發火，但是又覺得這個學生說得合情合理。無論如何，不能澆息一個書法愛好者的心。於是，他說：「這樣吧，我去評委那裡核對一下，再去校長那邊反映一下情況。最終結果如何，還是那句話，要看你自己的水準了。」

小陸說：「當然了，我相信我的水準沒有問題。其實，我也不願意為這點小事跑來跑去，還得麻煩你，但我總得為自己負責！」

三天後，小陸的名字出現在了複賽榜上，同時，還加了一張通告，上面說明了學校在統計時漏掉了小陸的名字，現在加上，並向其致歉。

小陸交涉時所說的那段話，緊緊抓住了「合情合理」四個字。首先，他說明了書法大賽對於一名苦練書法者的重要性，這是講情；其次，他講了評委可能出現疏忽，這是講理。合情合理，交涉自然成功了。當然，如果你面對的是一個蠻橫不講理的人，那麼無論你怎麼說，也不可能成功。

3 想辦法增加你的說服籌碼。

一般情況下，人們都習慣透過列舉自家的優勢，來增加說服籌碼，但你是否見過有人透過做「壞事」來增加自身說服籌碼的呢？

某家公司與工會針對員工薪資調整的事情展開談判。這家公司的總裁不想在薪資調整方面做太大的讓步，於是他使用了一個非常手段：和工會領導談判時，他故意做出激動的樣子，發表不當的言論。

這位總裁的言論，激怒了工會，工會強烈要求總裁要公開道歉，並且聲稱沒有談判的餘地。媒體把他的這些不當言論大肆渲染並傳播了出去。

公關部經理問總裁該怎麼辦？總裁並沒有立刻道歉，他說：「我很明白道歉的重要性，我一定會道歉的，但不是現在。」

接著，他透過第三者向工會領導人暗示，要讓公司總裁公開道歉有些困難：「如果總裁公開道歉，有關薪資和福利的方案，你們是否能夠按照公司的要求做出讓步？」

這時，工會的人經過商議，覺得公開道歉更重要，只要總裁公開道歉，其他事情工會願意做讓步。結果就是，公司總裁以公開道歉的方式結束了紛爭，並換取了工會在爭取薪資和福利上的重大讓步。

這位總裁夠「奸詐」吧，當大家都以為他是因為一時激動而胡言亂語說錯話時，又怎麼會想到他是故意這樣做的？他的目的就是想透過言語上的退讓，換取實際的利益。

由此可見，交涉高手常常「無所不用其極」，為了獲得更多利益，有時甚至會使用一些非常手段。當然，像這位總裁這樣的手段，還是少用為妙。畢竟總裁的身分名譽，也是一筆無形的資產，這樣使用是否值得，需要多做思量。

4 溝通不順，立即停下來。

如果你和對方在討論議題的過程中不順利，那麼就立刻停下來！不要失去理智的一味繼續下去，否則你將無法達成協議。或者即使你達成了協定，這項協定也不會長久的維持下去。

一位女士在洛杉磯進行了一場非常敏感的職位收購談判。第一天一切進展順利，第二天卻出現了問題。因此她停止討論談判議題，向對方說：「馬克，我們昨天談得很愉快，但今天卻不太順利。如果這是因為我說了什麼或做了什麼而造成的，我感到萬分抱歉。我希望我們能重回正軌，好嗎？」

馬克為自己分心表示歉意。大家發現導致談判不順利的原因，竟然完全與談判無關。他們雙方重新檢查了談判流程，最後成功的達成了協議。

對於交涉來說，糾纏是沒有效應的。交涉的目的是為了達成和解或合作，如果交涉的氛圍過於緊張，可以暫時休息，緩解氣氛，以免因為對立狀態不斷深入，導致雙方談判失敗。如果你一味採取糾纏手段，很容易讓人反感，很可能導致談判破裂，因為談判高手都知道，與無賴交涉是沒有效益的。

5 交涉時要注意心理調控和觀念引導。

在交涉、談判的過程中，不管是怎樣的談判對手，都要控制你自身的情緒和態度，不受對方偏激的情緒、語言所左右，要有冷靜的高瞻遠矚的氣概。同時，努力讓對方的情緒保持冷靜，消除雙方之間的不信任、警戒和敵意感，這是交涉成功的必要條件。多與對方尋找共同點，致力於解決雙方共同面臨的問題。

另外，在交涉、談判過程中，讓對方保住面子，有利於達成說服。如果你與人交涉的目的是達成合作，那麼你就要時刻傳達「相互理解、相互體諒」的觀念。

結語
想改變人家？你不妨先改變自己

我們在和別人交往，尤其是和陌生人交往時，會有某些要達到的目的。而這些目的或多或少都需要對方接受自己、相信自己。因此，說服的藝術是交往中不可缺少的。

讀萬卷書，不如行萬里路；行萬里路，不如閱人無數；閱人無數，不如名師點悟；名師點悟，不如跟著成功者的腳步。而你是否願意被訓練成為一個超級有說服力的人，這都是由性格來決定的，而不是你的潛能。

過去的你也許就像一隻螞蟻，十分卑微，沒有足夠的說服力，使得他人忽視你的存在，但是到了明天，你的一切都將不同了。當然，前提是你掌握了說服的力量！思想的改變會促成人生的改變，不要小看你的嘴，它不僅能吃，還能說！

國家圖書館出版品預行編目（CIP）資料

99%的人輸在不會表達2：原本行不通的事、對方不想聽的話，怎麼換個說法，結果大不同／李勁著；
--初版-- 臺北市：大是文化, 2019.01
336面；14.8 × 21公分. --（Think；177）

ISBN 978-957-9164-80-1（平裝）

1. 說話藝術 2. 口才 3. 人際關係

192.32 107021232

Think 177

99%的人輸在不會表達2

原本行不通的事、對方不想聽的話，怎麼換個說法，結果大不同

作　　者／李勁
責任編輯／蕭麗娟
校對編輯／張慈婷
美術編輯／林彥君
副總編輯／顏惠君
總 編 輯／吳依瑋
發 行 人／徐仲秋
會　　計／許鳳雪
版權經理／郝麗珍
行銷企畫／徐千晴
業務助理／李秀蕙
業務專員／馬絜盈、留婉茹
業務經理／林裕安
總 經 理／陳絜吾

出 版 者／大是文化有限公司
臺北市 100 衡陽路 7 號 8 樓
編輯部電話：（02）23757911
購書相關資訊請洽：（02）23757911 分機 122
24 小時讀者服務傳真：（02）23756999
讀者服務 Email：haom@ms28.hinet.net
郵政劃撥帳號／ 19983366 戶名／大是文化有限公司

法律顧問／永然聯合法律事務所
香港發行／豐達出版發行有限公司 Rich Publishing & Distribution Ltd
地址：香港柴灣永泰道 70 號柴灣工業城第 2 期 1805 室
Unit 1805, Ph.2, Chai Wan Ind City, 70 Wing Tai Rd, Chai Wan, Hong Kong
電話：2172-6513
傳真：2172-4355
Email：cary@subseasy.com.hk

封面設計／陳介文
內頁排版設計／ Judy
印　　刷／鴻霖印刷傳媒股份有限公司
出版日期／ 2019 年 1 月初版
2019 年 12 月 4 日初版 24 刷
定　　價／新臺幣 340 元（缺頁或裝訂錯誤的書，請寄回更換）
ISBN 978-957-9164-80-1

Printed in Taiwan